Vogue, *que dirigeait Gustave Kahn, et édité aussitôt après en plaquette, n'est que l'ingénieux assemblage en dialogue de strophes et de vers pris dans différentes pièces destinées d'abord à figurer parmi* Des Fleurs de bonne volonté. *Pour plaisant qu'il soit, le résultat de cette marqueterie ne justifie que faiblement le travail de découpages et de raccords qu'elle a exigé et au terme duquel le poète disait à Kahn : « J'en suis encore en nage. »*

Nous ignorons quelles raisons poussèrent Laforgue à prélever sur cinq de ses poèmes les éléments de ce Concile féerique *et à les répartir entre un monsieur, une dame, un chœur et un écho. Peut-être avait-il été prié de fournir un à-propos à l'organisateur de quelque soirée mondaine et littéraire. Ce serait une explication plausible. Pourtant, à notre connaissance, c'est seulement en janvier 1892, soit plus de quatre ans après la mort de Laforgue, que* Le Concile féerique *a été représenté — et une seule fois — par le « Théâtre d'Art » qu'animait le tout jeune Paul Fort.*

Les poèmes que Laforgue voulait grouper sous le titre Des Fleurs de bonne volonté *datent de la période d'intense activité que fut pour lui le printemps de l'année 86. C'est au mois de mai, semble-t-il, qu'il écrivait de Berlin à Gustave Kahn, après lui avoir adressé des poèmes pour* La Vogue : *« Je veux te confier un monstrueux secret. Quand je t'ai envoyé des vers, c'étaient les premiers et les seuls de mon prochain volume. Il n'y a pas si longtemps de ça, n'est-ce pas ? Eh bien, j'ai maintenant 35 (trente-cinq) pièces (et plusieurs point courtes) de ce volume, au net. Est-ce que ça ne t'effraie pas pour moi ? »*

Effrayer ? On ne voit pas pourquoi la fièvre créatrice de Laforgue eût alarmé son ami Kahn, mais en revanche on devine de quelle inquiétude devaient être mêlés alors les projets avoués ou secrets que caressait le poète en exil depuis quatre ans et demi. Sans avoir été nombreux, les encouragements et les témoignages de sympathie que lui avaient valus Les Complaintes *et* L'Imitation de Notre-Dame la Lune *fortifiaient la réso-*

11

lution qu'il avait prise d'abandonner avant l'hiver les fonctions qu'il exerçait auprès de Sa Majesté l'impératrice. Cette résolution-là, il en avait fait part à Gustave Kahn, à Édouard Dujardin, à Teodor de Wyzewa, mais il n'osait en informer ni Paul Bourget qui l'avait tiré d'embarras en 1881, ni le puissant Charles Éphrussi, sur la recommandation duquel l'impératrice l'avait agréé comme lecteur de français. Et ce qu'il n'avait encore dit à personne, ce qu'il souhaitait sans être sûr que cela lui fût possible, c'était de revenir en France en compagnie d'une jeune Anglaise rencontrée à Berlin où, depuis deux ans, elle gagnait difficilement sa vie en donnant des leçons d'anglais payées au cachet.

C'est ce désir de retour et ces espérances qui, dès mars ou avril 1886, excitèrent en Laforgue l'ardeur au travail qu'attestent la composition des Fleurs de bonne volonté et la rédaction définitive des Moralités légendaires. Il ne pouvait pas revenir à Paris sans manuscrits à proposer à des éditeurs, à des revues ou à des journaux. Il pensait bien avoir en poche quelques billets de mille quand il quitterait Berlin et la Cour, mais il n'avait guère économisé et il se trompait dans ses calculs. Les motifs d'inquiétude ne lui manquaient pas. Il put remplir une partie de ses projets : démissionner sans préavis, épouser Miss Lee et s'installer avec elle à Paris dans les premiers jours de 1887, mais un rhume, « vieux de trois mois », disait-il, le fatiguait, qui devint rapidement une grave bronchite, puis, à partir d'avril, se changea en phtisie galopante. Il eut tout juste le temps et la force de relire sur épreuves ses Moralités légendaires. L'édition n'en était pas encore imprimée lorsqu'il mourut, le 20 août 1887.

Ses Fleurs de bonne volonté et ses derniers poèmes ne devaient être recueillis et publiés qu'en 1890, grâce à Dujardin et à Fénéon, en un volume réservé aux seuls souscripteurs et dont le tirage ne fut que de cinquante-huit exemplaires. Mais douze ans plus tard, le Mercure de France inscrivait au catalogue de son fonds les trois volumes d'une édition des œuvres complètes de Laforgue. De nos jours, il n'est guère d'université française, belge, suisse, canadienne, britannique ou américaine, où Laforgue ne soit étudié. On l'a traduit en plusieurs langues, et il existe, en français, d'excellentes éditions de Laforgue anglaises et italiennes. Le souvenir de ses Fleurs de bonne volonté se perpétue comme l'a fait le souvenir de ses Complaintes. Qui, ayant lu Laforgue, ne se rappelle son « avant-dernier mot » :

> La Femme ?
> — J'en sors,
> La mort
> Dans l'âme....

Qui n'a pas ressenti, au cœur, un petit choc douloureux en entendant Laforgue dire dans les versets de L'Hiver qui vient :

C'est la saison, c'est la saison, adieu vendanges !...
Voici venir les pluies d'une patience d'ange,
Adieu vendanges, et adieu tous les paniers,
Tous les paniers Watteau des bourrées sous les
[marronniers,
C'est la toux dans les dortoirs du lycée qui rentre,
C'est la tisane sans le foyer,
La phtisie pulmonaire attristant le quartier,
Et toute la misère des grands centres.
. . . .
C'est la saison, oh, déchirements ! c'est la saison !
Tous les ans, tous les ans,
J'essaierai en chœur d'en donner la note.

Il doit falloir être bien fermé à la poésie pour rester insensible à de tels accents.

Pascal Pia

L'Imitation
de
Notre-Dame la Lune
selon
Jules Laforgue

Ah! quel juillet nous avons hiverné,
Per amica silentia lunæ !

ÎLE DE LA MAINAU.
(Lac de Constance.)

À GUSTAVE KAHN
et aussi à la mémoire
de la petite Salammbô, prêtresse de Tanit

UN MOT AU SOLEIL
POUR COMMENCER

Soleil! soudard plaqué d'ordres et de crachats,
Planteur mal élevé, sache que les Vestales
À qui la Lune, en son équivoque œil-de-chat,
Est la rosace de l'Unique Cathédrale,

Sache que les Pierrots, phalènes des dolmens
Et des nymphéas blancs des lacs où dort Gomorrhe,
Et tous les bienheureux qui pâturent l'Éden
Toujours printanier des renoncements, — t'abhorrent.

Et qu'ils gardent pour toi des mépris spéciaux,
Bellâtre, Maquignon, Ruffian, Rastaquouère
À breloques d'œufs d'or, qui le prends de si haut
Avec la terre et son Orpheline lunaire.

Continue à fournir de couchants avinés
Les lendemains vomis des fêtes nationales,
À styler tes saisons, à nous bien déchaîner
Les drames de l'Apothéose Ombilicale!

Va Phœbus! mais, Dèva, dieu des Réveils cabrés,
Regarde un peu parfois ce Port-Royal d'esthètes
Qui, dans leurs décamérons lunaires au frais,
Ne parlent de rien moins que mettre à prix ta tête.

Certes, tu as encor devant toi de beaux jours;
Mais la tribu s'accroît, de ces vieilles pratiques
De l'À QUOI BON? qui vont rêvant l'art et l'amour
Au seuil lointain de l'Agrégat inorganique.

Pour aujourd'hui, vieux beau, nous nous contenterons
De mettre sous le nez de Ta Badauderie
Le mot dont l'Homme t'a déjà marqué au front;
Tu ne t'en étais jamais douté, je parie?

— Sache qu'on va disant d'une belle phrase, os
Sonore mais très-nul comme suc médullaire,
De tout boniment creux enfin : c'est du pathos,
C'est du PHŒBUS! — Ah! pas besoin de commentaires...

Ô vision du temps où l'être trop puni,
D'un : « Eh! va donc, Phœbus! » te rentrera ton prêche
De vieux *Crescite et multiplicamini*,
Pour s'inoculer à jamais la Lune fraîche!

LITANIES
DES PREMIERS QUARTIERS DE LA LUNE

Lune bénie
Des insomnies,

Blanc médaillon
Des Endymions,

Astre fossile
Que tout exile,

Jaloux tombeau
De Salammbô,

Embarcadère
Des grands Mystères,

Madone et miss
Diane-Artémis,

Sainte Vigie
De nos orgies

Jettatura
Des baccarats,

Dame très-lasse
De nos terrasses,

Philtre attisant
Les vers luisants,

Rosace et dôme
Des derniers psaumes,

Bel œil-de-chat
De nos rachats,

Sois l'Ambulance
De nos croyances !

Sois l'édredon
Du Grand-Pardon !

AU LARGE

Comme la nuit est lointainement pleine
De silencieuse infinité claire!
Pas le moindre écho des gens de la terre,
Sous la Lune méditerranéenne!

Voilà le Néant dans sa pâle gangue,
Voilà notre Hostie et sa Sainte-Table,
Le seul bras d'ami par l'Inconnaissable,
Le seul mot solvable en nos folles langues!

Au-delà des cris choisis des époques,
Au-delà des sens, des larmes, des vierges,
Voilà quel astre indiscutable émerge,
Voilà l'immortel et seul soliloque!

Et toi, là-bas, pot-au-feu, pauvre Terre!
Avec tes essais de mettre en rubriques
Tes reflets perdus du Grand Dynamique,
Tu fais un métier ah! bien sédentaire!

CLAIR DE LUNE

Penser qu'on vivra jamais dans cet astre,
Parfois me flanque un coup dans l'épigastre.

Ah! tout pour toi, Lune, quand tu t'avances
Aux soirs d'août par les féeries du silence!

Et quand tu roules, démâtée, au large
À travers les brisants noirs des nuages!

Oh! monter, perdu, m'étancher à même
Ta vasque de béatifiants baptêmes!

Astre atteint de cécité, fatal phare
Des vols migrateurs des plaintifs Icares!

Œil stérile comme le suicide,
Nous sommes le congrès des las, préside;

Crâne glacé, raille les calvities
De nos incurables bureaucraties;

Ô pilule des léthargies finales,
Infuse-toi dans nos durs encéphales!

Ô Diane à la chlamyde très-dorique,
L'Amour cuve, prend ton carquois et pique

Ah! d'un trait inoculant l'être aptère,
Les cœurs de bonne volonté sur terre!

Astre lavé par d'inouïs déluges,
Qu'un de tes chastes rayons fébrifuges,

Ce soir, pour inonder mes draps, dévie,
Que je m'y lave les mains de la vie!

CLIMAT, FAUNE ET FLORE
DE LA LUNE

Des nuits, ô Lune d'Immaculée-Conception,
Moi, vermine des nébuleuses d'occasion,
J'aime, du frais des toits de notre Babylone,
Concevoir ton climat et ta flore et ta faune.

Ne sachant qu'inventer pour t'offrir mes ennuis,
Ô Radeau du Nihil aux quais seuls de nos nuits !

Ton atmosphère est fixe, et tu rêves, figée
En climats de silence, écho de l'hypogée
D'un ciel atone où nul nuage ne s'endort
Par des vents chuchotant tout au plus qu'on est mort ?
Des montagnes de nacre et des golfes d'ivoire
Se renvoient leurs parois de mystiques ciboires,
En anses où, sur maint pilotis, d'un air lent,
Des Sirènes font leurs nattes, lèchent leurs flancs,
Blêmes d'avoir gorgé de lunaires luxures
Là-bas, ces gais dauphins aux geysers de mercure.

Oui, c'est l'automne incantatoire et permanent
Sans thermomètre, embaumant mers et continents,
Étangs aveugles, lacs ophtalmiques, fontaines
De Léthé, cendres d'air, déserts de porcelaine,
Oasis, solfatares, cratères éteints,

24

Arctiques sierras, cataractes l'air en zinc,
Hauts-plateaux crayeux, carrières abandonnées,
Nécropoles moins vieilles que leurs graminées,
Et des dolmens par caravanes, — et tout très
Ravi d'avoir fait son temps, de rêver au frais.

Salut, lointains crapauds ridés, en sentinelles
Sur les pics, claquant des dents à ces tourterelles
Jeunes qu'intriguent vos airs! Salut, cétacés
Lumineux! et vous, beaux comme des cuirassés,
Cygnes d'antan, nobles témoins des cataclysmes;
Et vous, paons blancs cabrés en aurores de prismes;
Et vous, Fœtus voûtés, glabres contemporains
Des Sphinx brouteurs d'ennuis aux moustaches d'airain,
Qui, dans le clapotis des grottes basaltiques,
Ruminez l'Enfin! comme une immortelle chique!

Oui, rennes aux andouillers de cristal; ours blancs
Graves comme des Mages, vous déambulant,
Les bras en croix vers les miels du divin silence!
Porcs-épics fourbissant sans but vos blêmes lances;
Oui, papillons aux reins pavoisés de joyaux
Ouvrant vos ailes à deux battants d'in-folios;
Oui, gélatines d'hippopotames en pâles
Flottaisons de troupeaux éclaireurs d'encéphales;
Pythons en intestins de cerveaux morts d'abstrait,
Bancs d'éléphas moisis qu'un souffle effriterait!

Et vous, fleurs fixes! mandragores à visages,
Cactus obéliscals aux fruits en sarcophages,
Forêts de cierges massifs, parcs de polypiers,
Palmiers de corail blanc aux résines d'acier!
Lys marmoréens à sourires hystériques,
Qui vous mettez à débiter d'albes musiques

Tous les cent ans, quand vous allez avoir du lait!
Champignons aménagés comme des palais!

Ô Fixe! on ne sait plus à qui donner la palme
Du lunaire; et surtout, quelle leçon de calme!
Tout a l'air émané d'un même acte de foi
Au Néant Quotidien sans comment ni pourquoi!
Et rien ne fait de l'ombre, et ne se désagrège;
Ne naît, ni ne mûrit; tout vit d'un Sortilège
Sans foyer qui n'induit guère à se mettre en frais

Que pour des amours blancs, lunaires et distraits.....
Non, l'on finirait par en avoir mal de tête,
Avec le rire idiot des marbres Égynètes
Pour jamais tant tout ça stagne en un miroir mort!
Et l'on oublierait vite comment on en sort.

Et pourtant, ah! c'est là qu'on en revient encore
Et toujours, quand on a compris le Madrépore.

GUITARE

Astre sans cœur et sans reproche,
Ô Maintenon de vieille roche !

Très-Révérende Supérieure
Du cloître où l'on ne sait plus l'heure,

D'un Port-Royal port de Circée
Où Pascal n'a d'autres *Pensées*

Que celles du roseau qui jase
Ne sait plus quoi, ivre de vase.....

Oh ! qu'un Philippe de Champaigne,
Mais né pierrot, vienne et te peigne !

Un rien, une miniature
De la largeur d'une tonsure ;

Ça nous ferait un scapulaire
Dont le contact anti-solaire,

Par exemple aux pieds de la femme,
Ah ! nous serait tout un programme !

PIERROTS

I

C'est, sur un cou qui, raide, émerge
D'une fraise empesée *idem*,
Une face imberbe au cold-cream,
Un air d'hydrocéphale asperge.

Les yeux sont noyés de l'opium
De l'indulgence universelle,
La bouche clownesque ensorcèle
Comme un singulier géranium.

Bouche qui va du trou sans bonde
Glacialement désopilé,
Au transcendental en-allé
Du souris vain de la Joconde.

Campant leur cône enfariné
Sur le noir serre-tête en soie,
Ils font rire leur patte d'oie
Et froncent en trèfle leur nez.

Ils ont comme chaton de bague
Le scarabée égyptien,
À leur boutonnière fait bien
Le pissenlit des terrains vagues.

Ils vont, se sustentant d'azur !
Et parfois aussi de légumes,
De riz plus blanc que leur costume,
De mandarines et d'œufs durs.

Ils sont de la secte du Blême,
Ils n'ont rien à voir avec Dieu,
Et sifflent : « Tout est pour le mieux,
« Dans la meilleur' des mi-carême ! »

II

Le cœur blanc tatoué
De sentences lunaires,
Ils ont : « Faut mourir, frères ! »
Pour mot-d'ordre-Évohé.

Quand trépasse une vierge,
Ils suivent son convoi,
Tenant leur cou tout droit
Comme on porte un beau cierge.

Rôle très-fatigant,
D'autant qu'ils n'ont personne
Chez eux, qui les frictionne
D'un conjugal onguent.

Ces dandys de la Lune
S'imposent, en effet,
De chanter « s'il vous plaît ? »
De la blonde à la brune.

Car c'est des gens blasés ;
Et s'ils vous semblent dupes,

Çà et là, de la Jupe
Lange à cicatriser,

Croyez qu'ils font la bête
Afin d'avoir des seins,
Pis-aller de coussins
À leurs savantes têtes.

Écarquillant le cou
Et feignant de comprendre
De travers, la voix tendre,
Mais les yeux si filous !

— D'ailleurs, de mœurs très-fines,
Et toujours fort corrects,
(École des cromlechs
Et des tuyaux d'usines).

III

Comme ils vont molester, la nuit,
Au profond des parcs, les statues,
Mais n'offrant qu'aux moins dévêtues
Leur bras et tout ce qui s'ensuit,

En tête-à-tête avec la femme
Ils ont toujours l'air d'être un tiers,
Confondent demain avec hier,
Et demandent *Rien* avec âme !

Jurent « je t'aime ! » l'air là-bas,
D'une voix sans timbre, en extase,
Et concluent aux plus folles phrases
Par des : « Mon Dieu, n'insistons pas ? »

Jusqu'à ce qu'ivre, Elle s'oublie,
Prise d'on ne sait quel besoin
De lune! dans leurs bras, fort loin
Des convenances établies.

IV

Maquillés d'abandon, les manches
En saule, ils leur font des serments,
Pour être vrais trop véhéments!
Puis, tumultuent en gigues blanches,

Beuglant : Ange! tu m'as compris,
À la vie, à la mort! — et songent :
Ah! passer là-dessus l'éponge!...
Et c'est pas chez eux parti-pris,

Hélas! mais l'idée de la femme
Se prenant au sérieux encor
Dans ce siècle, voilà, les tord
D'un rire aux déchirantes gammes!

Ne leur jetez pas la pierre, ô
Vous qu'affecte une jarretière!
Allez, ne jetez pas la pierre
Aux blancs parias, aux purs pierrots!

V

Blancs enfants de chœur de la Lune,
Et lunologues éminents,
Leur Église ouvre à tout venant,
Claire d'ailleurs comme pas une.

Ils disent, d'un œil faisandé,
Les manches très-sacerdotales,
Que ce bas-monde de scandale
N'est qu'un des mille coups de dé

Du jeu que l'Idée et l'Amour,
Afin sans doute de connaître
Aussi leur propre raison d'être,
Ont jugé bon de mettre au jour.

Que nul d'ailleurs ne vaut le nôtre,
Qu'il faut pas le traiter d'hôtel
Garni vers un plus immortel,
Car nous sommes faits l'un pour l'autre;

Qu'enfin, et rien du moins subtil,
Ces gratuites antinomies
Au fond ne nous regardant mie,
L'art de tout est l'*Ainsi soit-il;*

Et que, chers frères, le beau rôle
Est de vivre de but en blanc
Et, dût-on se battre les flancs,
De hausser à tout les épaules.

PIERROTS

(On a des principes)

Elle disait, de son air vain fondamental :
« Je t'aime pour toi seul ! » — Oh ! là, là, grêle histoire ;
Oui, comme l'art ! Du calme, ô salaire illusoire
    Du capitaliste l'Idéal !

Elle faisait : « J'attends, me voici, je sais pas »...
Le regard pris de ces larges candeurs des lunes ;
— Oh ! là, là, ce n'est pas peut-être pour des prunes,
    Qu'on a fait ses classes ici-bas ?

Mais voici qu'un beau soir, infortunée à point,
Elle meurt ! — Oh ! là, là ; bon, changement de thème !
On sait que tu dois ressusciter le troisième
    Jour, sinon en personne, du moins

Dans l'odeur, les verdures, les eaux des beaux mois !
Et tu iras, levant encor bien plus de dupes
Vers le Zaïmph de la Joconde, vers la Jupe !
    Il se pourra même que j'en sois.

PIERROTS

(Scène courte mais typique)

Il me faut vos yeux! Dès que je perds leur étoile,
Le mal des calmes plats s'engouffre dans ma voile,
Le frisson du *Væ soli !* gargouille en mes moelles...

Vous auriez dû me voir après cette querelle!
J'errais dans l'agitation la plus cruelle,
Criant aux murs : Mon Dieu! mon Dieu! Que dira-t-elle?

Mais aussi, vrai, vous me blessâtes aux antennes
De l'âme, avec les mensonges de votre traîne,
Et votre tas de complications mondaines.

Je voyais que vos yeux me lançaient sur des pistes,
Je songeais : oui, divins, ces yeux! mais rien n'existe
Derrière! Son âme est affaire d'oculiste.

Moi, je suis laminé d'esthétiques loyales!
Je hais les trémolos, les phrases nationales;
Bref, le violet gros deuil est ma couleur locale.

Je ne suis point « ce gaillard-là! » ni Le Superbe!
Mais mon âme, qu'un cri un peu cru exacerbe,
Est au fond distinguée et franche comme une herbe.

J'ai des nerfs encor sensibles au son des cloches,
Et je vais en plein air sans peur et sans reproche,
Sans jamais me sourire en un miroir de poche.

C'est vrai, j'ai bien roulé! j'ai râlé dans des gîtes
Peu vous; mais, n'en ai-je pas plus de mérite
À en avoir sauvé la foi en vos yeux? dites.....

— Allons, faisons la paix, Venez, que je vous berce,
Enfant. Eh bien?
　　　　　— C'est que, votre pardon me verse
Un mélange (confus) d'impressions... diverses...

(Exit.)

LOCUTIONS DES PIERROTS

I

Les mares de vos yeux aux joncs de cils,
    Ô vaillante oisive femme,
    Quand donc me renverront-ils
La Lune-levante de ma belle âme?

Voilà tantôt une heure qu'en langueur
    Mon cœur si simple s'abreuve
    De vos vilaines rigueurs,
Avec le regard bon d'un terre-neuve.

Ah! madame, ce n'est vraiment pas bien,
    Quand on n'est pas la Joconde,
    D'en adopter le maintien
Pour induire en spleens tout bleus le pauv' monde!

II

    Ah! le divin attachement
    Que je nourris pour Cydalise,
    Maintenant qu'elle échappe aux prises
    De mon lunaire entendement!

Vrai, je me ronge en des détresses,
Parmi les fleurs de son terroir
À seule fin de bien savoir
Quelle est sa faculté-maîtresse!

— C'est d'être la mienne, dis-tu?
Hélas! tu sais bien que j'oppose
Un démenti formel aux poses
Qui sentent par trop l'impromptu.

III

Ah! sans Lune, quelles nuits blanches,
Quels cauchemars pleins de talent!
Vois-je pas là nos cygnes blancs?
Vient-on pas de tourner la clanche?

Et c'est vers toi que j'en suis là,
Que ma conscience voit double,
Et que mon cœur pêche en eau trouble,
Ève, Joconde et Dalila!

Ah! par l'infini circonflexe
De l'ogive où j'ahanne en croix,
Vends-moi donc une bonne fois
La raison d'être de Ton Sexe!

IV

Tu dis que mon cœur est à jeun
De quoi jouer tout seul son rôle,
Et que mon regard ne t'enjôle
Qu'avec des infinis d'emprunt!

Et tu rêvais avoir affaire
À quelque pauvre in-octavo...
Hélas! c'est vrai que mon cerveau
S'est vu, des soirs, trois hémisphères.

Mais va, l'œillet de tes vingt ans,
Je l'arrose aux plus belles âmes
Qui soient! — Surtout, je n'en réclame
Pas, sais-tu, de ta part autant!

v

T'occupe pas, sois Ton Regard,
Et sois l'âme qui s'exécute;
Tu fournis la matière brute,
Je me charge de l'œuvre d'art.

Chef-d'œuvre d'art sans idée-mère
Par exemple! Oh! dis, n'est-ce pas,
Faut pas nous mettre sur les bras
Un cri des Limbes prolifères?

Allons, je sais que vous avez
L'égoïsme solide au poste,
Et même prêt aux holocaustes
De l'ordre le plus élevé.

VI

Je te vas dire : moi, quand j'aime,
C'est d'un cœur, au fond sans apprêts,
Mais dignement élaboré
Dans nos plus singuliers problèmes.

Ainsi, pour mes mœurs et mon art,
C'est la période védique
Qui seule à bon droit revendique
Ce que j'en « attelle à ton char ».

C'est comme notre Bible hindoue
Qui, tiens, m'amène à caresser,
Avec ces yeux de cétacé,
Ainsi, bien sans but, ta joue.

VII

Cœur de profil, petite âme douillette,
Tu veux te tremper un matin en moi,
Comme on trempe, en levant le petit doigt,
Dans son café au lait une mouillette!

Et mon amour, si blanc, si vert, si grand,
Si tournoyant! ainsi ne te suggère
Que pas-de-deux, silhouettes légères
À enlever sur ce solide écran!

Adieu. — Qu'est-ce encor? Allons bon, tu pleures!
Aussi pourquoi ces grands airs de vouloir,
Quand mon Étoile t'ouvre son peignoir,
D'Hélas, chercher midi flambant à d'autres heures!

VIII

Ah! tout le long du cœur
Un vieil ennui m'effleure...
M'est avis qu'il est l'heure
De renaître moqueur.

Eh bien ? je t'ai blessée ?
Ai-je eu le sanglot faux,
Que tu prends cet air sot
De *La Cruche cassée* ?

Tout divague d'amour ;
Tout, du cèdre à l'hysope,
Sirote sa syncope ;
J'ai fait un joli four.

IX

Ton geste,
Houri,
M'a l'air d'un *memento mori*
Qui signifie au fond : va, reste...

Mais je te dirai ce que c'est,
Et pourquoi je pars, foi d'honnête
Poète
Français.

Ton cœur a la conscience nette,
Le mien n'est qu'un individu
Perdu
De dettes.

X

Que loin l'âme type
Qui m'a dit adieu
Parce que mes yeux
Manquaient de principes !

Elle, en ce moment,
Elle, si pain tendre,
Oh! peut-être engendre
Quelque garnement.

Car on l'a unie
Avec un monsieur,
Ce qu'il y a de mieux,
Mais pauvre en génie.

XI

Et je me console avec la
   Bonne fortune
   De l'alme Lune.
Ô Lune, *Ave Paris stella !*

Tu sais si la femme est cramponne;
   Eh bien, déteins,
   Glace sans tain,
Sur mon œil! qu'il soit tout atone,

Qu'il déclare : ô folles d'essais,
   Je vous invite
   À prendre vite,
Car c'est à prendre et à laisser.

XII

Encore un livre; ô nostalgies
Loin de ces très-goujates gens,
Loin des saluts et des argents,
Loin de nos phraséologies!

Encore un de mes pierrots mort;
Mort d'un chronique orphelinisme;
C'était un cœur plein de dandysme
Lunaire, en un drôle de corps.

Les dieux s'en vont; plus que des hures
Ah! ça devient tous les jours pis;
J'ai fait mon temps, je déguerpis
Vers l'Inclusive Sinécure!

XIII

Eh bien oui, je l'ai chagrinée,
Tout le long, le long de l'année;
Mais quoi! s'en est-elle étonnée?

Absolus, drapés de layettes,
Aux lunes de miel de l'Hymette,
Nous avions par trop l'air vignette!

Ma vitre pleure, adieu! l'on bâille
Vers les ciels couleur de limaille
Où la Lune a ses funérailles.

Je ne veux accuser nul être,
Bien qu'au fond tout m'ait pris en traître.
Ah! paître, sans but là-bas! paître...

XIV

Les mains dans les poches,
Le long de la route,
J'écoute

Mille cloches
Chantant : « les temps sont proches;
« Sans que tu t'en doutes! »

Ah! Dieu m'est égal!
Et je suis chez moi!
Mon toit
Très-natal
C'est Tout. Je marche droit,
Je fais pas de mal.

Je connais l'Histoire,
Et puis la Nature,
Ces foires
Aux ratures;
Aussi je vous assure
Que l'on peut me croire!

XV

J'entends battre mon Sacré-Cœur
Dans le crépuscule de l'heure,
Comme il est méconnu, sans sœur,
Et sans destin, et sans demeure!

J'entends battre ma jeune chair
Équivoquant par mes artères,
Entre les Édens de mes vers
Et la province de mes pères.

Et j'entends la flûte de Pan
Qui chante : « bats, bats la campagne!
« Meurs, quand tout vit à tes dépens;
« Mais entre nous, va, qui perd gagne! »

Je ne suis qu'un viveur lunaire
Qui fait des ronds dans les bassins,
Et cela, sans autre dessein
Que devenir un légendaire.

Retroussant d'un air de défi
Mes manches de mandarin pâle,
J'arrondis ma bouche et — j'exhale
Des conseils doux de Crucifix.

Ah! oui, devenir légendaire,
Au seuil des siècles charlatans!
Mais où sont les Lunes d'antan?
Et que Dieu n'est-il à refaire?

DIALOGUE
AVANT LE LEVER DE LA LUNE

— Je veux bien vivre ; mais vraiment,
L'Idéal est trop élastique !

— C'est l'Idéal, son nom l'implique,
Hors son non-sens, le verbe ment.

— Mais, tout est conteste ; les livres
S'accouchent, s'entretuent sans lois !

— Certes, l'Absolu perd ses droits,
Là où le Vrai consiste à vivre.

— Et, si j'amène pavillon
Et repasse au Néant ma charge ?

— L'Infini, qui souffle du large,
Dit : « pas de bêtises, voyons ! »

— Ces chantiers du Possible ululent
À l'Inconcevable, pourtant !

— Un degré, comme il en est tant
Entre l'aube et le crépuscule.

— Être actuel, est-ce, du moins,
Être adéquat à Quelque Chose?

— Conséquemment, comme la rose
Est nécessaire à ses besoins.

— Façon de dire peu commune
Que Tout est cercles vicieux?

— Vicieux, mais Tout!
                          — J'aime mieux
Donc m'en aller selon la Lune.

LUNES EN DÉTRESSE

Vous voyez, la Lune chevauche
Les nuages noirs à tous crins,
Cependant que le vent embouche
Ses trente-six mille buccins !

Adieu, petits cœurs benjamins
Choyés comme Jésus en crèche,
Qui vous vantiez d'être orphelins
Pour avoir toute la brioche !

Partez dans le vent qui se fâche,
Sous la Lune sans lendemains,
Cherchez la pâtée et la niche
Et les douceurs d'un traversin.

Et vous, nuages à tous crins,
Rentrez ces profils de reproche,
C'est les trente-six mille buccins
Du vent qui m'ont rendu tout lâche.

D'autant que je ne suis pas riche,
Et que Ses yeux dans leurs écrins
Ont déjà fait de fortes brèches
Dans mon patrimoine enfantin.

Partez, partez, jusqu'au matin !
Ou, si ma misère vous touche,
Eh bien, cachez aux traversins
Vos têtes, naïves autruches,

Éternelles, chères embûches
Où la Chimère encor trébuche !

PETITS MYSTÈRES

Chut! Oh! ce soir, comme elle est près!
Vrai, je ne sais ce qu'elle pense,
Me ferait-elle des avances?
Est-ce là le rayon qui fiance
Nos cœurs humains à son cœur frais?

Par quels ennuis kilométriques
Mener ma silhouette encor,
Avant de prendre mon essor
Pour arrimer, veuf de tout corps,
À ses dortoirs madréporiques.

Mets de la Lune dans ton vin,
M'a dit sa moue cadenassée;
Je ne bois que de l'eau glacée,
Et de sa seule panacée
Mes tissus qui stagnent ont faim.

Lune, consomme mon baptême,
Lave mes yeux de ton linceul;
Qu'aux hommes, je sois ton filleul;
Et pour nos compagnes, le seul
Qui les délivre d'elles-mêmes.

Lune, mise au ban du Progrès
Des populaces des Étoiles,
Volatilise-moi les moelles,
Que je t'arrive à pleines voiles,
Dolmen, Cyprès, Amen, au frais!

NUITAMMENT

Ô Lune, coule dans mes veines
Et que je me soutienne à peine,

Et croie t'aplatir sur mon cœur!
Mais, elle est pâle à faire peur!

Et montre par son teint, sa mise,
Combien elle en a vu de grises!

Et ramène, se sentant mal,
Son cachemire sidéral,

Errante Delos, nécropole,
Je veux que tu fasses école;

Je te promets en ex-voto
Les Putiphars de mes manteaux!

Et tiens, adieu; je rentre en ville
Mettre en train deux ou trois idylles,

En m'annonçant par un Péan
D'épithalame à ton Néant.

ÉTATS

Ah! ce soir, j'ai le cœur mal, le cœur à la Lune!
Ô Nappes du silence, étalez vos lagunes;
Ô toits, terrasses, bassins, colliers dénoués
De perles, tombes, lys, chats en peine, louez
La Lune, notre Maîtresse à tous, dans sa gloire :
Elle est l'Hostie! et le silence est son ciboire!
Ah! qu'il fait bon, oh! bel et bon, dans le halo
De deuil de ce diamant de la plus belle eau!
Ô Lune, vous allez me trouver romanesque,
Mais voyons, oh! seulement · de temps en temps
Ce serait fol à moi de me dire, entre nous,   est-c' que
Ton Christophe Colomb, ô Colombe, à genoux?
Allons, n'en parlons plus; et déroulons l'office
Des minuits, confits dans l'alcool de tes délices.
Ralentendo vers nous, ô dolente Cité,
Cellule en fibroïne aux organes ratés!
Rappelle-toi les centaures, les villes mortes,
Palmyre, et les sphinx camards des Thèbe aux cent
Et quelle Gomorrhe a sous ton lac de Léthé   portes;
Ses catacombes vers la stérile Astarté!
Et combien l'homme, avec ses relatifs « Je t'aime »,
Est trop anthropomorphe au-delà de lui-même,
Et ne sait que vivotter comm' ça des bonjours

Aux bonsoirs tout en s'arrangeant avec l'Amour.
— Ah! Je vous disais donc, et cent fois plutôt
                                                    qu'une,
Que j'avais le cœur mal, le cœur bien à la Lune.

LA LUNE EST STÉRILE

Lune, Pape abortif à l'amiable, Pape
Des Mormons pour l'art, dans la jalouse Paphos
Où l'État tient gratis les fils de la soupape
D'échappement des apoplectiques Cosmos !

C'est toi, léger manuel d'instincts, toi qui circules,
Glaçant, après les grandes averses, les œufs
Obtus de ces myriades d'animalcules
Dont les simouns mettraient nos muqueuses en feu !

Tu ne sais que la fleur des sanglantes chimies ;
Et perces nos rideaux, nous offrant le lotus
Qui constipe les plus larges polygamies,
Tout net, de l'excrément logique des fœtus.

Carguez-lui vos rideaux, citoyens de mœurs lâches ;
C'est l'Extase qui paie comptant, donne son Ut
Des deux sexes et veut pas même que l'on sache
S'il se peut qu'elle ait, hors de l'art pour l'art, un but.

On allèche de vie humaine, à pleines voiles,
Les Tantales virtuels, peu intéressants
D'ailleurs, sauf leurs cordiaux, qui rêvent dans nos
                                                    moelles ;
Et c'est un produit net qu'encaissent nos bons sens.

Et puis, l'atteindrons-nous, l'Oasis aux citernes,
Où nos cœurs toucheraient les payes qu'On leur doit?
Non, c'est la rosse aveugle aux cercles sempiternes
Qui tourne pour autrui les bons chevaux de bois.

Ne vous distrayez pas, avec vos grosses douanes;
Clefs de fa, clefs de sol, huit stades de claviers,
Laissez faire, laissez passer la caravane
Qui porte à l'Idéal ses plus riches dossiers!

L'Art est tout, du droit divin de l'Inconscience;
Après lui, le déluge! et son moindre regard
Est le cercle infini dont la circonférence
Est partout, et le centre immoral nulle part.

Pour moi, déboulonné du pôle de stylite
Qui me sied, dès qu'un corps a trop de son secret,
J'affiche : celles qui voient tout, je les invite
À venir, à mon bras, des soirs, prendre le frais.

Or voici : nos deux Cris, abaissant leurs visières,
Passent mutuellement, après quiproquos,
Aux chers peignes du cru leurs moelles épinières
D'où lèvent débusqués tous les archets locaux.

Et les ciels familiers liserés de folie
Neigeant en charpie éblouissante, faut voir
Comme le moindre appel : c'est pour nous seuls! rallie
Les louables efforts menés à l'abattoir!

Et la santé en deuil ronronne ses vertiges,
Et chante, pour la forme : « Hélas! ce n'est pas bien,
« Par ces pays, pays si tournoyants, vous dis-je,
« Où la faim d'Infini justifie les moyens. »

Lors, qu'ils sont beaux les flancs tirant leur révérence
Au sanglant capitaliste berné des nuits,
En s'affalant cuver ces jeux sans conséquence!
Oh! n'avoir à songer qu'à ses propres ennuis!

— Bons aïeux qui geigniez semaine par semaine,
Vers mon Cœur, baobab des védiques terroirs,
Je m'agite aussi! mais l'Inconscient me mène;
Or, il sait ce qu'il fait, je n'ai rien à y voir.

STÉRILITÉS

Cautérise et coagule
        En virgules
Ses lagunes des cerises
Des félines Ophélies
Orphelines en folie.

Tarentules de feintises
        La remise
Sans rancune des ovules
Aux félines Ophélies
Orphelines en folie.

Sourd aux brises des scrupules,
        Vers la bulle
De la lune, adieu, nolise
Ces félines Ophélies
Orphelines en folie!...

LES LINGES, LE CYGNE

Ce sont les linges, les linges,
Hôpitaux consacrés aux cruors et aux fanges;
Ce sont les langes, les langes,
Où l'on voudrait, ah! redorloter ses méninges!

Vos linges pollués, Noëls de Bethléem!
De la lessive des linceuls des requiems
De nos touchantes personnalités, aux langes
Des berceaux, vite à bas, sans doubles de rechange,
Qui nous suivent, transfigurés (fatals vauriens
Que nous sommes) ainsi que des Langes gardiens.
C'est la guimpe qui dit, même aux trois quarts meurtrie :
« Ah! pas de ces familiarités, je vous prie... »
C'est la peine avalée aux édredons d'eider;
C'est le mouchoir laissé, parlant d'âme et de chair
Et de scènes! (Je vous pris la main sous la table,
J'eus même des accents vraiment inimitables),
Mais ces malentendus! l'adieu noir! — Je m'en vais!
— Il fait nuit! — Que m'importe! à moi, chemins
                                        mauvais!
Puis, comme Phèdre en ses illicites malaises :
« Ah! que ces draps d'un lit d'occasion me pèsent! »
Linges adolescents, nuptiaux, maternels;
Nappe qui drape la Sainte-Table ou l'autel,

Purificatoire au calice, manuterges,
Refuges des baisers convolant vers les cierges.
Ô langes invalides, linges aveuglants!
Oreillers du bon cœur toujours convalescent
Qui dit, même à la sœur, dont le toucher l'écœure :
« Rien qu'une cuillerée, ah! toutes les deux heures... »
Voie Lactée à charpie en surplis; lourds jupons
À plis d'ordre dorique à lesquels nous rampons
Rien que pour y râler, doux comme la tortue
Qui grignotte au soleil une vieille laitue.
Linges des grandes maladies; champ-clos des draps
Fleurant : soulagez-vous, va, tant que ça ira!
Et les cols rabattus des jeunes filles fières,
Les bas blancs bien tirés, les chants des lavandières,
Le peignoir sur la chair de poule après le bain,
Les cornettes des sœurs, les voiles, les béguins,
La province et ses armoires, les lingeries
Du lycée et du cloître; et les bonnes prairies
Blanches des traversins rafraîchissant leurs creux
De parfums de famille aux tempes sans aveux.
Et la Mort! pavoisez les balcons de draps pâles,
Les cloches! car voici que des rideaux s'exhale
La procession du beau Cygne ambassadeur
Qui mène Lohengrin au pays des candeurs!

      Ce sont les linges, les linges,
Hôpitaux consacrés aux cruors et aux fanges :
      Ce sont les langes, les langes,
Où l'on voudrait, ah! redorloter ses méninges.

NOBLES ET TOUCHANTES DIVAGATIONS
SOUS LA LUNE

Un chien perdu grelotte en abois à la Lune...
Oh! pourquoi ce sanglot quand nul ne l'a battu?
Et, nuits! que partout la même Ame! En est-il une
Qui n'aboie à l'Exil ainsi qu'un chien perdu?

Non, non; pas un caillou qui ne rêve un ménage,
Pas un soir qui ne pleure : encore un aujourd'hui!
Pas un Moi qui n'écume aux barreaux de sa cage
Et n'épluche ses jours en filaments d'ennui.

Et les bons végétaux! des fossiles qui gisent
En pliocènes tufs de squelettes parias,
Aux printemps aspergés par les steppes kirghyses,
Aux roses des contreforts de l'Hymalaya!

Et le vent qui beugle, apocalyptique Bête
S'abattant sur des toits aux habitants pourris,
Qui secoue en vain leurs huis-clos, et puis s'arrête,
Pleurant sur son cœur à Sept-Glaives d'incompris.

Tout vient d'un seul impératif catégorique,
Mais qu'il a le bras long, et la matrice loin!
L'Amour, l'amour qui rêve, ascétise et fornique;
Que n'aimons-nous pour nous dans notre petit coin?

Infini, d'où sors-tu? Pourquoi nos sens superbes
Sont-ils fous d'au-delà des claviers octroyés,
Croient-ils à des miroirs plus heureux que le Verbe,
Et se tuent? Infini, montre un peu tes papiers!

Motifs décoratifs, et non but de l'Histoire,
Non le bonheur pour tous, mais de coquets moyens
S'objectivant en nous substratums sans pourboires,
Trinité de Molochs, le Vrai, le Beau, le Bien.

Nuages à profils de kaïns! vents d'automne
Qui, dans l'antiquité des Pans soi-disant gais,
Vous lamentiez aux toits des temples heptagones,
Voyez, nous rebrodons les mêmes Anankès.

Jadis les gants violets des Révérendissimes
De la Théologie en conciles cités,
Et l'évêque d'Hippone attelant ses victimes
Au char du Jaggernaut Œcuménicité;

Aujourd'hui, microscope de télescope! Encore,
Nous voilà relançant l'Ogive au toujours Lui,
Qu'il y tourne casaque, à neuf qu'il s'y redore
Pour venir nous bercer un printemps notre ennui.

Une place plus fraîche à l'oreille des fièvres,
Un mirage inédit au détour du chemin,
Des rampements plus fous vers le bonheur des lèvres,
Et des opiums plus longs à rêver. Mais demain?

Recommencer encore? Ah! lâchons les écluses,
À la fin! Oublions tout! nous faut convoyer
Vers ces ciels où, s'aimer et paître étant les Muses,
Cuver sera le dieu pénate des foyers!

Ô! l'Éden immédiat des braves empirismes!
Peigner ses fiers cheveux avec l'arête des
Poissons qu'on lui offrit crus dans un paroxysme
De dévouement! s'aimer sans serments, ni rabais.

Oui, vivre pur d'habitudes et de programmes,
Paccageant mes milieux, à travers et à tort,
Choyant comme un beau chat ma chère petite âme,
N'arriver qu'ivre-mort de Moi-même à la mort!

Oui, par delà nos arts, par delà nos époques
Et nos hérédités, tes îles de candeur,
Inconscience! et elle, au seuil, là, qui se moque
De mes regards en arrière, et fait : n'aie pas peur.

Que non, je n'ai plus peur; je rechois en enfance;
Mon bateau de fleurs est prêt, j'y veux rêver à
L'ombre de tes maternelles protubérances,
En t'offrant le miroir de mes *et cœtera*....

JEUX

Ah! la Lune, la Lune m'obsède...
Croyez-vous qu'il y ait un remède?

Morte? Se peut-il pas qu'elle dorme
Grise de cosmiques chloroformes?

Rosace en tombale efflorescence
De la Basilique du Silence,

Tu persistes dans ton attitude,
Quand je suffoque de solitude!

Oui, oui, tu as la gorge bien faite;
Mais, si jamais je ne m'y allaite?...

Encore un soir, et mes berquinades
S'en iront rire à la débandade,

Traitant mon platonisme si digne
D'extase de pêcheur à la ligne!

Salve Regina des Lys! reine,
Je te veux percer de mes phalènes!

Je veux baiser ta patène triste,
Plat veuf du chef de Saint Jean Baptiste!

Je veux trouver un *lied !* qui te touche
À te faire émigrer vers ma bouche!

— Mais, même plus de rimes à Lune...
Ah! quelle regrettable lacune!

LITANIES
DES DERNIERS QUARTIERS DE LA LUNE

Eucharistie
De l'Arcadie,

Qui fais de l'œil
Aux cœurs en deuil,

Ciel des idylles
Qu'on veut stériles,

Fonts baptismaux
Des blancs pierrots,

Dernier ciboire
De notre Histoire,

Vortex-nombril
Du Tout-Nihil,

Miroir et Bible
Des Impassibles,

Hôtel garni
De l'infini,

Sphinx et Joconde
Des défunts mondes,

Ô Chanaan
Du bon Néant,

Néant, La Mecque
Des bibliothèques,

Léthé, Lotos,
Exaudi nos !

AVIS, JE VOUS PRIE

Hélas! des Lunes, des Lunes,
Sur un petit air en bonne fortune....
Hélas! de choses en choses
Sur la criarde corde des virtuoses!...

Hélas! agacer d'un lys
La voilette d'Isis!...
Hélas! m'esquinter, sans trêve, encore,
Mon encéphale anomaliflore
En floraisons de chair par guirlandes d'ennuis!...
Ô Mort, et puis?

Mais! j'ai peur de la vie
Comme d'un mariage!
Oh! vrai, je n'ai pas l'âge
Pour ce beau mariage!...

Oh! j'ai été frappé de CETTE VIE À MOI,
L'autre dimanche, m'en allant par une plaine!
Oh! laissez-moi seulement reprendre haleine,
Et vous aurez un livre enfin de bonne foi.

En attendant, ayez pitié de ma misère!
Que je vous sois à tous un être bienvenu!
Et que je sois absous pour mon âme sincère,
Comme le fut Phryné pour son sincère nu.

Le Concile féerique

LE MONSIEUR	LE CHŒUR
LA DAME	UN ÉCHO

(Nuit d'étoiles.)

LA DAME

Oh! quelle nuit d'étoiles! quelles saturnales!
Oh! mais des galas inconnus
Dans les annales
Sidérales!

LE CHŒUR

Bref, un ciel absolument nu.

LE MONSIEUR

Ô Loi du rythme sans appel,
Le moindre astre te certifie,
Par son humble chorégraphie!
Mais, nul Spectateur éternel.....
Ah! la terre humanitaire
N'en est pas moins terre-à-terre!
Au contraire.

LE CHŒUR

La terre, elle est ronde
Comme un pot-au-feu;

C'est un bien pauv' monde
Dans l'infini bleu.

LE MONSIEUR

Cinq sens seulement, cinq ressorts pour nos essors,
Ah! ce n'est pas un sort!
Quand donc nos cœurs s'en iront-ils en huit-ressorts?
Oh, le jour! quelle turne...
J'en suis tout taciturne.

LA DAME

Oh, ces nuits sur les toits!
Je finirai bien par y prendre froid....

LE MONSIEUR

Tiens, la Terre,
Va te faire
Très lan laire.

LE CHŒUR

Hé! pas choisi
D'y naître, et hommes;
Mais nous y sommes,
Tenons-nous y!
Écoutez mes enfants! — « Ah! mourir! mais me tordre,
« Dans l'orbe d'un exécutant de premier ordre! »
Rêve la Terre, sous la vessie de saindoux
De la lune laissant fuir un air par trop doux

Vers les zéniths de brasiers de la voie lactée
(Autrement beaux, ce soir, que des lois constatées!)
Juillet a dégainé! Touristes des beaux yeux,
Quels jubés de bonheur échafaudent ces cieux,
Semis de pollens d'étoiles, manne divine,
Qu'éparpille le Bon Pasteur à ses gallines...

LE MONSIEUR

Et puis le vent s'est tant surmené l'autre nuit...

LA DAME

Et demain est si loin.....

LE MONSIEUR

     Et ça souffre aujourd'hui.
Ah! pourrir!

LE CHŒUR

   Et la lune même (cette amie)
Salive et larmoie en purulente ophtalmie.
Et voici que des bleus sous-bois ont miaulé
Les mille nymphes; et (qu'est-ce que vous voulez)
Aussitôt mille touristes des yeux las rôdent,
Tremblants mais le cœur harnaché d'âpres méthodes!
Et l'on va. Et les uns connaissent des sentiers,
Qu'embaument de trois mois des fleurs d'abricotiers;
Et les autres, des parcs où la petite flûte
De l'oiseau bleu promet de si frêles rechutes;

L'ÉCHO

Oh! ces lunaires oiseaux bleus dont la chanson
Lunaire saura bien vous donner le frisson....

LE CHŒUR

Et d'autres, les terrasses pâles où le triste
Cor des paons réveillés fait que plus rien n'existe!
Et d'autres, les joncs des mares où le sanglot
Des rainettes vous tire maint sens mal éclos;
Et d'autres, les prés brûlés où l'on rampe; et d'autres
La Boue! où, semble-t-il, tout, avec nous se vautre!
Les capitales échauffantes, même au frais
Des grands hôtels tendus de pâles cuirs gaufrés,
Faussent; ah! mais ailleurs, aux grandes routes,
Au coin d'un bois mal famé,

L'ÉCHO

Rien n'est aux écoutes...

LE CHŒUR

Et celles dont le cœur gante six et demi,

L'ÉCHO

Et celles dont l'âme est gris perle,

LE CHŒUR

En bons amis,
Et d'un port panaché d'édénique opulence,

74

Vous brûlent leurs vaisseaux mondains vers des
Enfances!...

LE MONSIEUR

Oh! t'enchanter un peu la muqueuse du cœur!

LA DAME

Ah! vas-y; je n'ai plus rien à perdre à cet' heur';
La Terre est en plein air, et ma vie est gâchée;
Ne songe qu'à la Nuit, je ne suis point fâchée.

L'ÉCHO

Et la Vie et la Nuit font patte de velours.

LE CHŒUR

Se dépècent d'abord de grands quartiers d'amour;
Et lors, les chars de foin plein de bluets dévalent
Par les vallons des moissons équinoxiales...
Ô lointains balafrés de bleuâtres éclairs
De chaleur! puis ils regrimperont, tous leurs nerfs
Tressés, vers l'hostie de la lune syrupeuse...

L'ÉCHO

Hélas! tout çà, c'est des histoires de muqueuses.

LE CHŒUR

Détraqué, dites-vous? Ah! par rapport à quoi?

L'ÉCHO

D'accord; mais le spleen vient, qui dit que l'on déchoit
Hors des fidélités noblement circonscrites.

LE CHŒUR

Mais le divin, chez nous, confond si bien les rites!

L'ÉCHO

Soit, mais mon spleen dit vrai. Ô langes des pudeurs
C'est bien dans vos blancs plis tels quels qu'est le
bonheur!

LE CHŒUR

Mais, au nom de Tout! on ne peut pas! la Nature
Nous rue à dénouer, dès janvier, leurs ceintures!

L'ÉCHO

Bon; si le spleen t'en dit, saccage universel!

LE CHŒUR

Vos êtres ont un sexe, et sont trop usuels,
Saccagez!

Ah! saignons, tandis qu'elles déballent
Leurs serres de beauté, pétale par pétale!...

LE CHŒUR

Les vignes de vos nerfs bourdonnent d'alcools noirs,
Enfants! ensanglantez la terre, ce pressoir
Sans planteur de justice!

LE MONSIEUR ET LA DAME

Ah! tu m'aimes, je t'aime!
Que la mort ne nous ait qu'ivres-morts de nous-mêmes!

Silence; nuit d'étoiles. — L'aube.

LE MONSIEUR, *déclamant.*

La femme, mûre ou jeune fille,
J'en ai frôlé toutes les sortes,
Des faciles, des difficiles,
C'est leur mot d'ordre que j'apporte!
Des fleurs de chair, bien ou mal mises,
Des airs fiers ou seuls, selon l'heure;
Nul cri sur elles n'a de prise;
Nous les aimons, elle demeure.
Rien ne les tient, rien ne les fâche;
Elles veulent qu'on les trouve belles,
Qu'on le leur râle et leur rabâche,
Et qu'on les use comme telles.
Sans souci de serments, de bagues,
Suçons le peu qu'elles nous donnent;

Notre respect peut être vague :
Leurs yeux sont haut et monotones.
Cueillons sans espoir et sans drames;
La chair vieillit après les roses;
Ah! parcourons le plus de gammes!
Vrai, il n'y a pas autre chose.

LA DAME, *déclamant à son tour.*

Si mon air vous dit quelque chose,
Vous auriez tort de vous gêner;
Je ne la fais pas à la pose,
Je suis la Femme, on me connaît.
Bandeaux plats ou crinière folle?
Dites? quel front vous rendrait fous?
J'ai l'art de toutes les écoles,
J'ai des âmes pour tous les goûts.
Cueillez la fleur de mes visages,
Sucez ma bouche et non ma voix,
Et n'en cherchez pas davantage,
Nul n'y vit clair, pas même moi.
Nos armes ne sont pas égales,
Pour que je vous tende la main :
Vous n'êtes que de braves mâles,
Je suis l'Éternel Féminin!...
Mon but se perd dans les étoiles!....
C'est moi qui suis la grande Isis!....
Nul ne m'a retroussé mon voile!....
Ne songez qu'à mes oasis.
Si mon air vous dit quelque chose,
Vous auriez tort de vous gêner;
Je ne la fais pas à la pose;
Je suis la Femme! on me connaît.

Touchant accord!
Joli motif
Décoratif,
Avant la mort!
Lui, nerveux,
Qui se penche
Vers sa compagne aux larges hanches,
Aux longs caressables cheveux.
Car, l'on a beau baver les plus fières salives,
Leurs yeux sont tout! Ils rêvent d'aumônes furtives!
Ô chairs d'humains, ciboire de bonheur! on peut
Blaguer, la paire est là, comme un et un font deux.
— Mais, ces yeux, plus on va, se fardent de mystère!
— Eh bien, travaillez à les ramener sur terre!
— Ah! la chasteté n'est en fleur qu'en souvenir!
— Mais ceux qui l'ont cueillie en renaissent martyrs!
Martyres mutuels! de frère à sœur sans père!
Comment ne voit-on pas que c'est là notre Terre?
Et qu'il n'y a que ça! que le reste est impôts
Dont vous n'avez pas même à chercher l'à-propos!
Il faut répéter ces choses! Il faut qu'on tette
Ces choses! Jusqu'à ce que la Terre se mette,
Voyant enfin que tout vivote sans témoin,
À vivre aussi pour elle, et dans son petit coin!

LA DAME

La pauvre Terre elle est si bonne!...

LE MONSIEUR

Oh! désormais, je m'y cramponne.

De tous nos bonheurs d'autochtones!

Tu te pâmes, moi je m'y vautre!

Consolez-vous les uns les autres.

Des Fleurs de bonne volonté

HAMLET *exit.*
OPHELIA : *O, what a noble mind is here
o'erthrown !*

———

HAMLET : *Had I but time !
O, I could tell you, —
But let it be.*

On trouvera page 299 l'indication de la provenance des épigraphes en anglais et la traduction de ces épigraphes.

I

AVERTISSEMENT

Mon père (un dur par timidité)
Est mort avec un profil sévère;
J'avais presque pas connu ma mère,
Et donc vers vingt ans je suis resté.

Alors, j'ai fait d' la littérature;
Mais le Démon de la Vérité
Sifflotait tout l' temps à mes côtés :
« Pauvre! as-tu fini tes écritures.... »

Or, pas le cœur de me marier,
Étant, moi, au fond, trop méprisable!
Et elles, pas assez intraitables!!
Mais tout l' temps là à s'extasier!....

C'est pourquoi je vivotte, vivotte,
Bonne girouette aux trent' six saisons,
Trop nombreux pour dire oui ou non....
— Jeunes gens! que je vous serv' d'Ilote!

Copenhague, Elseneur.
1er janvier 1886.

II

FIGUREZ-VOUS UN PEU

Oh! qu'une, d'Elle-même, un beau soir, sût venir,
Ne voyant que boire à Mes Lèvres! où mourir....

Je m'enlève rien que d'y penser! Quel baptême
De gloire intrinsèque, attirer un « Je vous aime »!

(L'attirer à travers la société, de loin,
Comme l'aimant la foudre; un ', deux! ni plus, ni moins.

Je t'aime! comprend-on? Pour moi tu n'es pas comme
Les autres; jusqu'ici c'était des messieurs, l'Homme....

Ta bouche me fait baisser les yeux! et ton port
Me transporte! (et je m'en découvre des trésors....)

Et c'est ma destinée incurable et dernière
D'épier un battement *à moi* de tes paupières!

Oh! je ne songe pas au reste! J'attendrai,
Dans la simplicité de ma vie faite exprès.....

Te dirai-je au moins que depuis des nuits je pleure,
Et que mes parents ont bien peur que je n'en meure?...

Je pleure dans des coins; je n'ai plus goût à rien;
Oh! j'ai tant pleuré, dimanche, en mon paroissien!

Tu me demandes pourquoi Toi? et non un autre....
Je ne sais; mais c'est bien Toi, et point un autre!

J'en suis sûre comme du vide de mon cœur,
Et.... comme de votre air mortellement moqueur...

— Ainsi, elle viendrait, évadée, demi-morte,
Se rouler sur le paillasson qu'est à ma porte!

Ainsi, elle viendrait à Moi! les yeux bien fous!
Et elle me suivrait avec cet air partout!

III

METTONS LE DOIGT SUR LA PLAIE

Que le pur du bonheur m'est bien si je l'escompte!...
Ou ne le cueille qu'en refrains de souvenance!...
Ô rêve, ou jamais plus! Et fol je me balance
Au-dessus du Présent en Ariel qui a honte.

Mais, le cru, quotidien, et trop voyant Présent!
Et qui vous met au pied du mur, et qui vous dit :
« À l'instant, ou bonsoir! » et ne fait pas crédit,
Et m'étourdit le cœur de ses airs suffisants!

Tout vibrant de passé, tout pâle d'espérance,
Je fais signe au Présent : « Oh! sois plus diaphane? »
Mais il me bat la charge et mine mes organes!
Puis, le bateau parti, j'ulule : « Oh! recommence.... »

Et lui seul est bien vrai! — mais je me mords la main
Plutôt (je suis trop jeune... ou, trop agonisant...)
Ah! rien qu'un pont entre Mon Cœur et le Présent!
Ô lourd Passé, combien ai-je encor de demains?...

           Ô cœur aride
           Mais sempiterne,
           Ô ma citerne
           Des Danaïdes!...

IV

MANIAQUE

POLONIUS *(aside)* : *Though this be
madness, yet there is method in't.*

Eh oui que l'on en sait de simples,
Aux matins des villégiatures,
Foulant les prés! et dont la guimpe
A bien quelque âme pour doublure....

Mais, chair de pêche, âme en rougeurs!
Chair de victime aux Pubertés,
Ames prêtes, d'un voyageur
Qui passe, prêtes à dater!

Et Protées valseurs sans vergogne!
Changeant de nom, de rôle (d'âme!)
Sœurs, mères, veuves, Antigones,
Amantes! mais jamais ma Femme.

Des pudeurs devant l'Homme?... — et si
J'appelle, moi, ces falbalas,
La peur d'examens sans merci?
Et si je ne sors pas de là!

V

LE VRAI DE LA CHOSE

Ah! c'est pas sa chair qui m'est tout,
Et suis pas qu'un grand cœur pour elle;
Non, c'est d'aller faire les fous
Dans des histoires fraternelles!

Oh! vous m'entendez bien!
Oh! vous savez comme on y vient;
Oh! vous savez parfaitement qu'il y a moyen,
Et comme on s'y attelle.

Lui défeuiller quel Tout je suis,
Et que ses yeux, perdus, m'en suivent!
Et puis un soir : « Tu m'as séduit
« Pourtant! » — et l'aimer toute vive.

Et s'aimer tour à tour,
Au gras soleil des basses-cours,
Et vers la Lune, et puis partout! avec toujours
En nobles perspectives...

Oh! c'est pas seulement la chair,
Et c'est pas plus seulement l'âme;
C'est l'Esprit édénique et fier
D'être un peu l'Homme avec la Femme.

VI

RIGUEURS À NULLE AUTRE PAREILLES

Dans un album,
Mourait fossile
Un geranium
Cueilli aux Îles.

Un fin Jongleur
En vieil ivoire
Raillait la fleur
Et ses histoires....

— « Un requiem ! »
Demandait-elle.
— « Vous n'aurez rien,
« Mademoiselle ! » ....

VII

AQUARELLE EN CINQ MINUTES

OPHELIA : *'T is brief, my lord.*
HAMLET : *As woman's love.*

Oh! oh! le temps se gâte,
L'orage n'est pas loin,
Voilà que l'on se hâte
 De rentrer les foins!...

  L'abcès perce!
  Vl'à l'averse!
  Ô grabuges
  Des déluges!....

 Oh! ces ribambelles
  D'ombrelles!....

  Oh! cett' Nature
En déconfiture!....

Sur ma fenêtre,
Un fuchsia
À l'air paria
Se sent renaître....

VIII

ROMANCE

HAMLET : *To a nunnery, go.*

J'ai mille oiseaux de mer d'un gris pâle,
Qui nichent au haut de ma belle âme,
Ils en emplissent les tristes salles
De rythmes pris aux plus fines lames....

Or, ils salissent tout de charognes,
Et aussi de coraux, de coquilles;
Puis volent en ronds fous, et se cognent
À mes probes lambris de famille.....

Oiseaux pâles, oiseaux des sillages!
Quand la fiancée ouvrira la porte,
Faites un collier des coquillages
Et que l'odeur de charogn's soit forte!....

Qu'Elle dise : « Cette âme est bien forte
« Pour mon petit nez.... — je me r'habille.
« Mais ce beau collier? hein, je l'emporte?
« Il ne lui sert de rien, pauvre fille.... »

IX

PETITES MISÈRES DE JUILLET

(Le Serpent de l'Amour
Monte, vers Dieu, des linges.
Allons, rouges méninges,
    Faire un tour.)

Écoutez, mes enfants! — « Ah! mourir, mais me tordre
« Dans l'orbe d'un exécutant de premier ordre! »
Rêve la Terre, sous la vessie de saindoux
De la Lune laissant fuir un air par trop doux,
Vers les Zéniths de brasiers de la Voie Lactée
(Autrement beaux ce soir que des Lois constatées)....
Juillet a dégainé! Touristes des beaux yeux,
Quels jubés de bonheur échafaudent ces cieux,
Semis de pollens d'étoiles, manne divine
Qu'éparpille le Bon Pasteur à ses gallines!....
Et puis, le vent s'est tant surmené l'autre nuit!
Et demain est si loin! et ça souffre aujourd'hui!
Ah! pourrir!... — Vois, la Lune-même (cette amie)
Salive et larmoie en purulente ophtalmie.....

Et voici que des bleus sous-bois ont miaulé
Les mille nymphes! et (qu'est-ce que vous voulez)
Aussitôt mille touristes des yeux las rôdent,
Tremblants, mais le cœur harnaché d'âpres méthodes!
Et l'on va. Et les uns connaissent des sentiers

Qu'embaument de trois mois les fleurs d'abricotiers;
Et les autres, des parcs où la petite flûte
De l'oiseau bleu promet de si frêles rechutes
(Oh! ces lunaires oiseaux bleus dont la chanson
Lunaire, après dégel, vous donne le frisson!)
Et d'autres, les terrasses pâles où le triste
Cor des paons réveillés fait que Plus Rien n'existe!
Et d'autres, les joncs des mares où le sanglot
Des rainettes vous tire maint sens mal éclos;
Et d'autres, les prés brûlés où l'on rampe; et d'autres,
La Boue où, semble-t-il, Tout! avec nous se vautre!....

Les capitales échauffantes, même au frais
Des Grands Hôtels tendus de pâles cuirs gaufrés,
Faussent. — Ah! mais ailleurs, aux grandes routes,
Au coin d'un bois mal famé, rien n'est aux écoutes....
Et celles dont le cœur gante six et demi,
Et celles dont l'âme est gris-perle, en bons amis,
Et d'un port panaché d'édénique opulence,
Vous brûlent leurs vaisseaux mondains vers des
                                 Enfances!.....

« Oh! t'enchanter un peu la muqueuse du cœur! »
« Ah! Vas-y, je n'ai plus rien à perdre à cett' heur',
« La Terre est en plein air et ma vie est gâchée,
« Ne songe qu'à la Nuit, je ne suis point fâchée. »
Et la vie et la Nuit font patte de velours....
Se dépècent d'abord de grands quartiers d'amour....
Et lors, les chars de foin, pleins de bluets, dévalent
Par les vallons des moissons équinoxiales.....
Ô lointains balafrés de bleuâtres éclairs
De chaleur! puis ils regrimperont, tous leurs nerfs
Tressés, vers l'hostie de la Lune syrupeuse....
— Hélas! tout ça, c'est des histoires de muqueuses.....

— Détraqué, dites-vous? Ah! par rapport à Quoi?
— D'accord; mais le Spleen vient, qui dit que l'on
Hors des fidélités noblement circonscrites.   déchoit
— Mais le Divin chez nous confond si bien les rites!
— Soit; mais le Spleen dit vrai : ô surplis des Pudeurs,
C'est bien dans vos plis blancs tels quels qu'est le Bonheur!
— Mais, au nom de Tout! on ne peut pas! La Nature
Nous rue à dénouer dès Janvier leur ceinture!
— Bon! si le Spleen t'en dit, saccage universel!
Nos êtres vont par sexe, et sont trop usuels,
Saccagez! — Ah! saignons, tandis qu'elles déballent
Leurs serres de Beauté pétale par pétale!
Les vignes de nos nerfs bourdonnent d'alcools noirs,
Ô Sœurs, ensanglantons la Terre, ce pressoir
Sans Planteur de Justice! — Ah? tu m'aimes, je t'aime!
Que la Mort ne nous ait qu'IVRES-MORTS DE NOUS-
MÊMES!

      (Le Serpent de l'Amour
      Cuve Dieu dans les linges;
      Ah! du moins nos méninges
         Sont à court.)

X

ESTHÉTIQUE

Je fais la cour à ma Destinée;
Et demande : « Est-ce pour cette année? »

Je la prends par la douceur, en Sage,
Tout aux arts, au bon cœur, aux voyages....

Et vais m'arlequinant des défroques
Des plus grands penseurs de chaque époque....

Et saigne! en jurant que je me blinde
Des rites végétatifs de l'Inde.....

Et suis digne, allez, d'un mausolée
En pleine future Galilée!

De la meilleure grâce du monde,
Donc, j'attends que l'Amour me réponde....

Ah! tu sais que Nul ne se dérange,
Et que, ma foi, vouloir faire l'ange....

Je ferai l'ange! Oh! va, Destinée,
Ta nuit ne m'irait pas chiffonnée!

Passe! et grâce pour ma jobardise....
Mais, du moins, laisse que je te dise,

Nos livres bons, entends-tu, nos livres
Seuls, te font ces yeux fous de Survivre

Qui vers ta Matrice après déchaînent
Les héros du viol et du sans-gêne.

Adieu. Noble et lent, vais me remettre
À la culture des Belles-Lettres.

XI

DIMANCHES

Ô Dimanches bannis
De l'Infini
Au-delà du microscope et du télescope,
Seuil nuptial où la chair s'affale en syncope....

Dimanches citoyens
Bien quotidiens
De cette école à vieux cancans, la vieille Europe,
Où l'on tourne, s'en tricotant des amours myopes....

Oh! tout Lois sans appel,
Je sais, ce Ciel,
Et non un brave toit de famille, un bon dôme
Où s'en viennent mourir, très-appréciés, nos psaumes!

C'est fort beau comme fond
À certains fronts,
Des Lois! et pas de plus bleue matière à diplômes....
— Mais, c'est pas les Lois qui fait le bonheur, hein,
l'Homme?

XII

DIMANCHES

Oh! ce piano, ce cher piano,
Qui jamais, jamais ne s'arrête,
Oh! ce piano qui geint là-haut
Et qui s'entête sur ma tête!

Ce sont de sinistres polkas,
Et des romances pour concierge,
Des exercices délicats,
Et *La Prière d'une vierge !*

Fuir? où aller, par ce printemps?
Dehors, dimanche, rien à faire....
Et rien à fair' non plus dedans....
Oh! rien à faire sur la Terre!....

Ohé, jeune fille au piano!
Je sais que vous n'avez point d'âme!
Puis pas donner dans le panneau
De la nostalgie de vos gammes....

Fatals bouquets du Souvenir,
Folles légendes décaties,
Assez! assez! vous vois venir,
Et mon âme est bientôt partie....

Vrai, un Dimanche sous ciel gris,
Et je ne fais plus rien qui vaille,
Et le moindre orgu' de Barbari
(Le pauvre!) m'empoigne aux entrailles!

Et alors, je me sens trop fou!
Marié, je tuerais la bouche
De ma mie! et, à deux genoux,
Je lui dirais ces mots bien louches :

« Mon cœur est trop, ah trop central!
« Et toi, tu n'es que chair humaine;
« Tu ne vas donc pas trouver mal
« Que je te fasse de la peine! »

XIII

AVANT-DERNIER MOT

L'Espace?
— Mon cœur
Y meurt
Sans traces.....

En vérité, du haut des terrasses,
Tout est bien sans cœur.

La Femme?
— J'en sors,
La mort
Dans l'âme....

En vérité, mieux ensemble on pâme
Moins on est d'accord.

Le Rêve?
— C'est bon
Quand on
L'achève....

En vérité, la Vie est bien brève,
Le Rêve bien long.

Que faire
Alors
Du corps
Qu'on gère?

En vérité, ô mes ans, que faire
De ce riche corps?

Ceci,
Cela,
Par-ci
Par-là....

En vérité, en vérité, voilà.
Et pour le reste, que Tout m'ait en sa merci.

XIV

L'ÉTERNEL QUIPROQUO

Droite en selle
A passé
Mad'moiselle
Aïssé !

Petit cœur si joli !
Corps banal mais alacre !
    Un colis
    Dans un fiacre.

Ah ! les flancs
Tout brûlants
De fringales
Séminales,

Elle écoute
Par les routes
Si le cor
D'un Mondor

Ne s'exhale
Pas encor !
— Oh ! raffale
- Moi le corps

Des salives
Corrosives
Dont mes flancs
Vont bêlant !

— Ô vous Bon qui passez
Donnez-moi des nouvelles
De ma Belle
Mad'moiselle
Aïssé.

Car ses épaules
Sont ma console,
Mon Acropole !

XV

PETITE PRIÈRE SANS PRÉTENTIONS

Notre Père qui étiez aux cieux....
PAUL BOURGET.

Notre Père qui êtes aux cieux (Oh! là-haut,
Infini qui êtes donc si inconcevable!)
Donnez-nous notre pain quotidien... — Oh! plutôt,
Laissez-nous nous asseoir un peu à Votre Table!....

Dites! nous tenez-vous pour de pauvres enfants
À qui l'on doit encor cacher les Choses Graves?
Et *Votre Volonté* n'admet-elle qu'esclaves
Sur cette terre comme au ciel?... — C'est étouffant!

Au moins, *Ne nous induisez pas*, par vos sourires
En la tentation de baiser votre cœur!
Et laissez-nous en paix, morts aux mondes meilleurs,
Paître, dans notre coin, et forniquer, et rire!...

Paître, dans notre coin, et forniquer, et rire!....

XVI

DIMANCHES

HAMLET : *Have you a daughter?*
POLONIUS : *I have, my lord.*
HAMLET : *Let her not walk i' the sun;
conception is a blessing; but not as your
daughter may conceive.*

Le ciel pleut sans but, sans que rien l'émeuve,
Il pleut, il pleut, bergère! sur le fleuve...

Le fleuve a son repos dominical;
Pas un chaland, en amont, en aval.

Les Vêpres carillonnent sur la ville,
Les berges sont désertes, sans idylles.

Passe un pensionnat (ô pauvres chairs!)
Plusieurs ont déjà leurs manchons d'hiver.

Une qui n'a ni manchon, ni fourrures
Fait, tout en gris, une pauvre figure.

Et la voilà qui s'échappe des rangs,
Et court! ô mon Dieu, qu'est-ce qu'il lui prend?

Et elle va se jeter dans le fleuve.
Pas un batelier, pas un chien Terr' Neuve.

Le crépuscule vient; le petit port
Allume ses feux. (Ah! connu, l' décor!).

La pluie continue à mouiller le fleuve,
Le ciel pleut sans but, sans que rien l'émeuve.

XVII

CYTHÈRE

Quel lys sut ombrager ma sieste?
C'était (ah ne sais plus comme!) au bois trop sacré
    Où fleurir n'est pas un secret.
    Et j'étais fui comme la peste.
    « Je ne suis pas une âme leste! »
Ai-je dit alors et leurs chœurs m'ont chanté : « Reste. »

Et la plus grande, oh! si mienne! m'a expliqué
    La floraison sans commentaires
    De cette hermétique Cythère
    Au sein des mers comme un bosquet,
Et comment quelques couples vraiment distingués
    Un soir ici ont débarqué....

    Non la nuit sait pas de pelouses,
D'un velours bleu plus brave que ces lents vallons!
    Plus invitant au : dévalons!
    Et déjoueur des airs d'épouse!
    Et qui telle une chair jalouse,
En ses accrocs plus éperdûment se recouse!....

Et la faune et la flore étant comme ça vient,
    On va comme ça vient; des roses
    Les sens; des floraisons les poses;

Nul souci du tien et du mien;
Quant à des classements en chrétiens et païens,
Ni le climat ni les moyens.

Oui, fleurs de vie en confidences,
Mains oisives dans les toisons aux gros midis,
Tatouages des concettis;
L'un mimant d'inédites danses,
L'autre sur la piste d'essences....
— Eh quoi? Nouveau-venu, vos larmes recommencent!

— Réveil meurtri, je m'en irai je sais bien où;
Un terrain vague, des clôtures,
Un âne plein de foi pâture
Des talons perdus sans dégoût,
Et brait vers moi (me sachant aussi rosse et doux)
Que je desserre son licou.

XVIII

DIMANCHES

Je m'ennuie, natal! je m'ennuie,
Sans cause bien appréciable,
Que bloqué par les boues, les dimanches, les pluies,
En d'humides tabacs ne valant pas le diable.

Hé là-bas, le prêtre sans messes!....
Ohé, mes petits sens hybrides!...
Et je bats mon rappel! et j'ulule en détresse,
Devant ce Moi, tonneau d'Ixion des Danaïdes.

Oh! m'en aller, me croyant libre,
Désattelé des bibliothèques,
Avec tous ces passants cuvant en équilibre
Leurs cognacs d'Absolu, leurs pâtés d'Intrinsèque!...

Messieurs, que roulerais tranquille,
Si j'avais au moins ma formule,
Ma formule en pilules dorées, par ces villes
Que vont pavant mes jobardises d'incrédule!...

(Comment lui dire : « Je vous aime? »
Je me connais si peu moi-même.)
Ah! quel sort! Ah! pour sûr, la tâche qui m'incombe
M'aura sensiblement rapproché de la tombe.

XIX

ALBUMS

On m'a dit la vie au Far-West et les Prairies,
Et mon sang a gémi : « Que voilà ma patrie!... »
Déclassé du vieux monde, être sans foi ni loi,
Desperado ! là-bas, là-bas, je serais roi!....
Oh là-bas, m'y scalper de mon cerveau d'Europe!
Piaffer, redevenir une vierge antilope,
Sans littérature, un gars de proie, citoyen
Du hasard et sifflant l'argot californien!
Un colon vague et pur, éleveur, architecte,
Chasseur, pêcheur, joueur, au-dessus des Pandectes!
Entre la mer, et les États Mormons! Des venaisons
Et du whisky! vêtu de cuir, et le gazon
Des Prairies pour lit, et des ciels des premiers âges
Riches comme des corbeilles de mariage!....
Et puis quoi? De bivouac en bivouac, et la Loi
De Lynch; et aujourd'hui des diamants bruts aux doigts,
Et ce soir nuit de jeu, et demain la refuite
Par la Prairie et vers la folie des pépites!....
Et, devenu vieux, la ferme au soleil-levant,
Une vache laitière et des petits-enfants....
Et, comme je dessine au besoin, à l'entrée
Je mettrais : « Tatoueur des bras de la contrée! »
Et voilà. Et puis, si mon grand cœur de Paris
Me revenait, chantant : « Oh! pas encor guéri!

« Et ta postérité, pas pour longtemps coureuse!.... »
Et si ton vol, Condor des Montagnes-Rocheuses,
Me montrait l'Infini ennemi du comfort,
Eh bien, j'inventerais un culte d'Âge d'or,
Un code social, empirique et mystique
Pour des Peuples Pasteurs, modernes et védiques!....

Oh! qu'ils sont beaux les feux de paille! qu'ils sont fous,
Les albums! et non incassables, mes joujoux!....

XX

CÉLIBAT, CÉLIBAT,
TOUT N'EST QUE CÉLIBAT

Sucer la chair d'un cœur élu,
Adorer de souffrants organes,
Être deux avant qu'on se fane!
Ne serai-je qu'un monomane
                Dissolu
Par ses travaux de décadent et de reclus?

Partout, à toute heure, le thème
De leurs toilettes, de leurs airs,
Des soirs de plage aux bals d'hiver,
Est : « Prenez! ceci est ma chair! »
                Et nous-mêmes,
Nous leur crions de tous nos airs : « A moi! je t'aime! »

Et l'on se salue, et l'on feint...
Et l'on s'instruit dans des écoles,
Et l'on s'évade, et l'on racole
De vénales et tristes folles;
                Et l'on geint
En vers, en prose. Au lieu de se tendre la main!

Se serrer la main sans affaires!
Selon les cœurs, selon les corps!

Trop tard. Des faibles et des forts
Dans la curée des durs louis d'or....
Pauvre Terre!
Histoire Humaine : — histoire d'*un* célibataire....

XXI

DIMANCHES

Je ne tiens que des mois, des journées et des heures....
　　Dès que je dis oui! tout feint l'en-exil...
　　　　Je cause de fidèles demeures,
　　　　　On me trouve bien subtil;
　　　　　　Oui ou non, est-il
D'autres buts que les mois, les journées et les heures?

L'âme du Vent gargouille au fond des cheminées.....
　　L'âme du Vent se plaint à sa façon;
　　　　Vienne Avril de la prochaine année
　　　　　Il aura d'autres chansons!....
　　　　　　Est-ce une leçon,
Ô Vent qui gargouillez au fond des cheminées?

Il dit que la Terre est une simple légende
　　Contée au Possible par l'Idéal....
　　　　— Eh bien, est-ce un sort, je vous l' demande?
　　　　　— Oui, un sort! car c'est fatal.
　　　　　　— Ah! ah! pas trop mal,
Le jeu de mots! — mais folle, oh! folle, la Légende....

XXII

LE BON APÔTRE

Nous avons beau baver nos plus fières salives,
Leurs yeux sont tout! Ils rêvent d'aumônes furtives!

Ô chairs de sœurs, ciboires de bonheur! On peut
Blaguer, la paire est là; comme un et un font deux.

— Mais ces yeux, plus on va, se fardent de mystère!
— Eh bien, travaillons à les ramener sur Terre!

— Ah! la chasteté n'est en fleur qu'en souvenir!
— Mais ceux qui l'ont cueillie en renaissent martyrs!

Martyres mutuels! de frère à sœur, sans Père!
Comment ne voit-on pas que c'est là notre terre?

Et qu'il n'y a que ça! que le reste est impôts
Dont nous n'avons pas même à chercher l'à-propos!

Il faut répéter ces choses! Il faut qu'on tette
Ces choses! jusqu'à ce que la Terre se mette,

Voyant enfin que Tout vivotte sans Témoin,
À vivre aussi pour Elle, et dans son petit coin!

Et c'est bien dans ce sens, moi, qu'au lieu de me taire,
Je persiste à narrer mes petites affaires.

XXIII

PETITES MISÈRES D'OCTOBRE

Octobre m'a toujours fiché dans la détresse;
Les Usines, cent goulots fumant vers les ciels....
    Les poulardes s'engraissent
        Pour Noël.

Oh! qu'alors, tout bramant vers d'albes atavismes,
Je fonds mille Icebergs vers les septentrions
    D'effarants mysticismes
        Des Sions!....

Car les seins distingués se font toujours plus rares;
Le légitime est tout, mais à qui bon ma cour?
    De qui bénir mes Lares
        Pour toujours?

Je ferai mes oraisons aux Premières Neiges;
Et je crierai au Vent : « Et toi aussi, forçat! »
    Et rien ne vous allège
        Comme ça.

(Avec la Neige, tombe une miséricorde
D'agonie; on a vu des gens aux cœurs de cuir
    Et méritant la corde
        S'en languir.)

Mais vrai, s'écarteler les lobes, jeu de dupe....
Rien, partout, des saisons et des arts et des dieux,
Ne vaut deux sous de jupe,
Deux sous d'yeux.

Donc, petite, deux sous de jupe en œillet tiède,
Et deux sous de regards, et tout ce qui s'ensuit....
Car il n'est qu'un remède
À l'ennui.

XXIV

GARE AU BORD DE LA MER

Korsör. Côtes du Danemark.
Aube du 1ᵉʳ janvier 1886.

On ne voyait pas la mer, par ce temps d'embruns,
Mais on l'entendait maudire son existence,
« Oh! beuglait-elle, qu'il fût seulement Quelqu'Un! »....
Et elle vous brisait maint bateau pas-de-chance.

Et, ne pouvant mordre le steamer, les autans
Mettaient nos beaux panaches de fumée en loques!
Et l'Homme renvoyait ses comptes à des temps
Plus clairs, sifflotant : « Cet univers se moque,

« Il raille! Et qu'il me dise où l'on voit Mon Pareil!
« Allez, boudez, chez vos parades sidérales,
« Infini! Un temps viendra que l'Homme, fou d'éveil,
« Fera pour les Pays Terre-à-Terre ses malles!

« Il crut à l'Idéal! Ah! milieux détraquants
« Et bazars d'oripeaux! Si c'était à refaire,
« Chers madrépores, comme on ficherait le camp
« Chez vous! Oh! même vers la Période Glaciaire!....

« Mais l'Infini est là, gare de trains ratés,
« Où les gens, aveuglés de signaux, s'apitoient

« Sur le sanglot des convois, et vont se hâter
« Tout à l'heure! et crever en travers de la voie.....

« — Un fin sourire (tel ce triangle d'oiseaux
« D'exil sur ce ciel gris!) peut traverser mes heures;
« Je dirai : passe, oh! va, ne fais pas de vieux os
« Par ici, mais vide au plus tôt cette demeure... »

Car la vie est partout la même. On ne sait rien!
Mais c'est la Gare! et faut chauffer qui pour les fêtes
Futures, qui pour les soi-disant temps anciens.
Oh! file ton rouet, et prie et reste honnête.

XXV

IMPOSSIBILITÉ DE L'INFINI EN HOSTIES

Ô lait divin! potion assurément cordiale
À vomir les gamelles de nos aujourd'huis!
Quel bon docteur saura décrocher ta timbale
Pour la poser sur ma simple table de nuit,
        Un soir, sans bruit?

J'ai appris, et tout comme autant de riches langues
Les philosophies et les successives croix;
Mais pour mener ma vie au Saint-Graal sans gangue,
Nulle n'a su le mot, le Sésame-ouvre-toi,
        Clef de l'endroit.

Oui, dilapidé ma jeunesse et des bougies
À regalvaniser le fond si enfantin
De nos plus immémoriales liturgies,
Et perdu à ce jeu de purs et sûrs instincts,
        Tout mon latin.

L'Infini est à nos portes! à nos fenêtres!
Ouvre, et vois ces Nuits Loin, et tout le Temps avec!.....
Qu'il nous étouffe donc! puisqu'il ne saurait être
En une hostie, une hostie pour nos sales becs,
        Ah! si à sec!....

XXVI

BALLADE

OPHELIA : *You are merry, my lord.*
HAMLET : *Who, I?*
OPHELIA : *Ay, my lord.*
HAMLET : *O God, your only jigmaker.*
What should a man do but be merry?

Oyez, au physique comme au moral,
Ne suis qu'une colonie de cellules
De raccroc; et ce sieur que j'intitule
Moi, n'est, dit-on, qu'un polypier fatal!

De mon cœur un tel, à ma chair védique,
Comme de mes orteils à mes cheveux,
Va-et-vient de cellules sans aveu,
Rien de bien solvable et rien d'authentique.

Quand j'organise une descente en Moi,
J'en conviens, je trouve là, attablée,
Une société un peu bien mêlée,
Et que je n'ai point vue à mes octrois.

Une chair bêtement staminifère,
Un cœur illusoirement pistillé,
Sauf certains soirs, sans foi, ni loi, ni clé,
Où c'est précisément tout le contraire.

Allez, c'est bon. Mon fatal polypier
A distingué certaine polypière;
Son monde n'est pas trop mêlé, j'espère....
Deux yeux café, voilà tous ses papiers.

XXVII
PETITES MISÈRES D'HIVER

Vers les libellules
D'un crêpe si blanc des baisers
Qui frémissent de se poser,
Venus de si loin, sur leurs bouts cicatrisés,
Ces seins, déjà fondants, ondulent
D'un air somnambule...

Et cet air enlise
Dans le défoncé des divans
Rembourrés d'eiders dissolvants
Le Cygne du Saint-Graal, qui rame en avant!
Mais plus pâle qu'une banquise
Qu'Avril dépayse....

Puis, ça vous réclame,
Avec des moues d'enfant goulu,
Du romanesque à l'absolu,
Mille Pôles plus loin que tout ce qu'on a lu!....
Laissez, laissez le Cygne, ô Femme!
Qu'il glisse, qu'il rame,

Oh! que, d'une haleine,
Il monte, séchant vos crachats,

Au Saint-Graal des blancs pachas,
Et n'en revienne qu'avec un plan de rachat
Pour sa petite sœur humaine
Qui fait tant de peine....

XXVIII

DIMANCHES

> HAMLET : *Lady, shall I lie in your lap?*
> (Il s'agenouille devant Ophélie.)
> OPHELIA : *No, my lord.*
> HAMLET : *I mean, my head in your lap?*
> OPHELIA : *Ay, my lord.*
> HAMLET : *Do you think I meant country matters?*
> OPHELIA : *I think nothing, my lord.*
> HAMLET : *That's a fair thought to lie between maid's legs.*
> OPHELIA : *What is, my lord?*
> HAMLET : *Nothing.*

Les nasillardes cloches des dimanches
À l'étranger,
Me font que j'ai de la vache enragée
Pour jusqu'à la nuit, sur la planche;
Je regarde passer des tas de robes blanches.

La jeune fille au joli paroissien
Rentre au logis;
Son corps se sent l'âme fort reblanchie,
Et, raide, dit qu'il appartient
À une tout autre race que le mien!

Ma chair, ô Sœur, a bien mal à son âme.
Oh! ton piano
Me recommence! et ton cœur s'y ânonne
En ritournelles si infâmes,
Et ta chair, sur quoi j'ai des droits! s'y pâme....

Que je te les tordrais avec plaisir,
Ce cœur, ce corps!
Et te dirais leur fait! et puis encore
La manière de s'en servir!
Si tu voulais ensuite m'approfondir....

XXIX

LE BRAVE, BRAVE AUTOMNE!

Quand reviendra l'automne,
Cette saison si triste,
Je vais m' la passer bonne,
Au point de vue artiste.

Car le vent, je l' connais,
Il est de mes amis!
Depuis que je suis né
Il fait que j'en gémis...

Et je connais la neige,
Autant que ma chair même,
Son froment me protège
Contre les chairs que j'aime...

Et comme je comprends
Que l'automnal soleil
Ne m'a l'air si souffrant
Qu'à titre de conseil!...

Puis rien ne saurait faire
Que mon spleen ne chemine
Sous les spleens insulaires
Des petites pluies fines....

Ah! l'automne est à moi,
Et moi je suis à lui,
Comme tout à « pourquoi? »
Et ce monde à « et puis? »

Quand reviendra l'automne,
Cette saison si triste,
Je vais m' la passer bonne
Au point de vue artiste.

XXX

DIMANCHES

C'est l'automne, l'automne, l'automne.....
Le grand vent et toute sa séquelle!
Rideaux tirés, clôture annuelle!
Chute des feuilles, des Antigones,
                Des Philomèles,
Le fossoyeur les remue à la pelle...

(Mais, je me tourne vers la mer, les Éléments!
Et tout ce qui n'a plus que les noirs grognements!
Ainsi qu'un pauvre, un pâle, un piètre individu
Qui ne croit en son Moi qu'à ses moments perdus....)

Mariage, ô dansante bouée
Peinte d'azur, de lait doux, de rose,
Mon âme de corsaire morose,
Va, ne sera jamais renflouée!...
                Elle est la chose
Des coups de vent, des pluies, et des nuées...

(Un soir, je crus en Moi! J'en faillis me fiancer!
Est-ce possible... Où donc tout ça est-il passé!...
Chez moi, c'est Galathée aveuglant Pygmalion!
Ah! faudrait modifier cette situation...)

XXXI

PETITES MISÈRES D'AOÛT

Oh! quelle nuit d'étoiles, quelles saturnales!
  Oh! mais des galas inconnus
    Dans les annales
     Sidérales!
Bref, un Ciel absolument nu!

  Ô Loi du Rythme sans appel!
  Que le moindre Astre certifie
  Par son humble chorégraphie
  Mais nul spectateur éternel.

    Ah! la Terre humanitaire
    N'en est pas moins terre-à-terre!
     Au contraire.

    La Terre, elle est ronde
    Comme un pot-au-feu,
    C'est un bien pauv' monde
    Dans l'Infini bleu.

Cinq sens seulement, cinq ressorts pour nos Essors....
    Ah! ce n'est pas un sort!
Quand donc nos cœurs s'en iront-ils en huit-ressorts!....

Oh! le jour, quelle turne!
J'en suis tout taciturne.
Oh! ces nuits sur les toits!
Je finirai bien par y prendre froid.

Tiens, la Terre,
Va te faire
Très-lan laire!

— Hé! pas choisi
D'y naître, et hommes!
Mais nous y sommes,
Tenons-nous y!

La pauvre Terre, elle est si bonne!....
Oh! désormais je m'y cramponne
De tous mes bonheurs d'autochtone.

Tu te pâmes, moi je me vautre.
Consolons-nous les uns les autres.

XXXII

SOIRS DE FÊTE

Je suis la Gondole enfant chérie
Qui arrive à la fin de la fête,
Pour je ne sais quoi, par bouderie,
(Un soir trop beau me monte à la tête!)

Me voici déjà près de la digue;
Mais la foule sotte et pavoisée,
Ah! n'accourt pas à l'Enfant Prodigue!
Et danse, sans perdre une fusée....

Ah! c'est comme ça, femmes volages!
C'est bien. Je m'exile en ma gondole
(Si frêle!) aux mouettes, aux orages,
Vers les malheurs qu'on voit au Pôle!

— Et puis, j'attends sous une arche noire....
Mais nul ne vient; les lampions s'éteignent;
Et je maudis la nuit et la gloire!
Et ce cœur qui veut qu'on me dédaigne!

XXXIII

FIFRE

OPHELIA : *You are keen, my lord, you are keen.*

HAMLET : *It would cost you a groaning to take off my edge.*

OPHELIA : *Still better and worse.*

HAMLET : *So you must take your husbands.*

Pour un cœur authentique,
Me ferais des blessures!
Et ma Littérature
   Fermerait boutique.

Oh! qui me ravira!
C'est alors qu'on verra
Si je suis un ingrat!

Ô petite âme brave,
Ô chair fière et si droite!
C'est moi, que je convoite
   D'être votre esclave!

(Oui, mettons-nous en frais,
Et nous saurons après
Traiter de gré à gré)

— « Acceptez, je vous prie,
« Ô Chimère fugace
« Au moins la dédicace
  « De ma vague vie?... »

« Vous me dites avoir
« Le culte du Devoir?
« Et moi donc! venez voir.... »

XXXIV

DIMANCHES

HAMLET : *I have heard of your paintings too, well enough. God hath given you one face, and you make yourselves another; you jig, you amble and you lisp, and nickname God's creatures, and make your wantonness your ignorance. Go to; I'll no more on't; it hath made me made. To anunnery, go.*

N'achevez pas la ritournelle,
En prêtant au piano vos ailes,
Ô mad'moiselle du premier.
Ça me rappelle l'Hippodrome,
Où cet air cinglait un pauvre homme
Déguisé en clown printanier.

Sa perruque arborait des roses,
Mais, en son masque de chlorose,
Le trèfle noir manquait de nez!
Il jonglait avec des cœurs rouges
Mais sa valse trinquait aux bouges
Où se font les enfants mort-nés.

Et cette valse, ô mad'moiselle,
Vous dit les Roland, les dentelles

Du bal qui vous attend ce soir!....
— Ah! te pousser par tes épaules
Décolletées, vers de durs pôles
Où je connais un abattoir!

Là, là, je te ferai la honte!
Et je te demanderai compte
De ce corset cambrant tes reins,
De ta tournure et des frisures
Achalandant contre-nature
Ton front et ton arrière-train.

Je te crierai : « Nous sommes frères!
« Alors, vêts-toi à ma manière,
« Ma manière ne trompe pas;
« Et perds ce dandinement louche
« D'animal lesté de ses couches,
« Et galopons par les haras! »

Oh! vivre uniquement autochtones
Sur cette terre (où nous cantonne
Après tout notre être tel quel!)
Et sans préférer, l'âme aigrie,
Aux vers luisants de nos prairies
Les lucioles des prés du ciel;

Et sans plus sangloter aux heures
De lendemains, vers des demeures
Dont nous nous sacrons les élus.
Ah! que je vous dis, autochtones!
Tant la vie à terre elle est bonne
Quand on n'en demande pas plus.

XXXV

L'AURORE-PROMISE

Vois, les Steppes stellaires
Se dissolvent à l'aube....
La Lune est la dernière
À s'effacer, badaude.

Oh! que les cieux sont loin, et tout! Rien ne prévaut!
Contre cet infini; c'est toujours trop nouveau!....

Et vrai, c'est sans limites!....
T'en fais-tu une idée,
Ô jeune Sulamite
Vers l'aurore accoudée?

L'Infini à jamais! comprends-tu bien cela?
Et qu'autant que ta chair existe un au-delà?

Non; ce sujet t'assomme.
Ton Infini, ta sphère,
C'est le regard de l'Homme,
Patron de cette Terre.

Il est le Fécondeur, le Galant Chevalier
De tes couches, la Providence du Foyer!

Tes yeux baisent Sa Poigne,
Tu ne te sens pas seule!
Mais lui bat la campagne
Du ciel, où nul n'accueille!....

Nulle Poigne vers lui, il a tout sur le dos;
Il est seul; l'Infini reste sourd comme un pot.

Ô fille de la Terre,
Ton dieu est dans ta couche!
Mais lui a dû s'en faire,
Et si loin de sa bouche!...

Il s'est fait de bons dieux, consolateurs des morts.
Et supportait ainsi tant bien que mal son sort,

Mais bientôt, son idée,
Tu l'as prise, jalouse!
Et l'as accommodée
Au culte de l'Épouse!

Et le Déva d'antan, Bon Cœur de l'Infini
Est là.... — pour que ton lit nuptial soit béni!

Avec tes accessoires,
Ce n'est plus qu'une annexe
Du Tout-Conservatoire
Où s'apprête Ton Sexe.

Et ces autels bâtis de nos terreurs des cieux
Sont des comptoirs où tu nous marchandes tes yeux!

Les dieux s'en vont. Leur père
S'en meurt. — Ô Jeune Femme,

Refais-nous une Terre
Selon ton corps sans âme!

Ouvre-nous tout Ton Sexe! et, sitôt, l'Au-delà
Nous est nul! Ouvre, dis? tu nous dois bien cela...

XXXVI

DIMANCHES

J'aurai passé ma vie à faillir m'embarquer
      Dans de bien funestes histoires,
      Pour l'amour de mon cœur de Gloire!....
      — Oh! qu'ils sont chers les trains manqués
Où j'ai passé ma vie à faillir m'embarquer!....

Mon cœur est vieux d'un tas de lettres déchirées,
      Ô Répertoire en un cercueil
      Dont la Poste porte le deuil!.....
      — Oh! ces veilles d'échauffourées
Où mon cœur s'entraînait par lettres déchirées!....

Tout n'est pas dit encor, et mon sort est bien vert.
      Ô Poste, automatique Poste,
      Ô yeux passants fous d'holocaustes,
      Oh! qu'ils sont là, vos airs ouverts!....
Oh! comme vous guettez mon destin encor vert!

      (Une, pourtant, je me rappelle,
          Aux yeux grandioses
          Comme des roses,
          Et puis si belle!....
          Sans nulle pose.

Une voix me criait : « C'est elle! Je le sens;
« Et puis, elle te trouve si intéressant! »
— Ah! que n'ai-je prêté l'oreille à ses accents!...)

XXXVII

LA VIE QU'ELLES ME FONT MENER

Pas moi, despotiques Vénus
Offrant sur fond d'or le Lotus
Du Mal, coiffées à la Titus!
Pas moi, Circées
Aux yeux en grand deuil violet comme des pensées!
Pas moi, binious
Des Papesses des blancs Champs-Élysées des fous,
Qui vous relayez de musiques
Par le calvaire de techniques
Des sacrilèges domestiques!

Le mal m'est trop! tant que l'Amour
S'échange par le temps qui court
Simple et sans foi comme un bonjour,
Des jamais franches
À celles dont le Sort vient le poing sur la hanche,
Et que s'éteint
La Rosace du Temple, à voir, dans le satin,
Ces sexes livrés à la grosse
Courir, en valsant, vers la Fosse
Commune des Modernes Noces.

Ô Rosace! leurs charmants yeux
C'est des vains cadrans d'émail bleu

Qui marquent l'heure que l'on veut,
Non des pétales,
De ton Soleil des Basiliques Nuptiales!
Au premier mot,
Peut-être (on est si distinguée à fleur de peau!)
Elles vont tomber en syncope
Avec des regards d'antilope; —
Mais tout leur être est interlope!

Tu veux pas fleurir fraternel?
C'est bon, on te prendra tel quel,
Petit mammifère usuel!
Même la blague
Me chaut peu de te passer au doigt une bague.
— Oh! quel grand deuil,
Pourtant! leur ferait voir leur frère d'un autre œil!
Voir un égal d'amour en l'homme
Et non une bête de somme
Là pour lui remuer des sommes!

Quoi? vais-je prendre un air géant,
Et faire appeler le Néant?
Non, non; ce n'est pas bienséant.
Je me promène
Parmi les sommités des colonies humaines;
Du bout du doigt
Je feuillette les versions de l'Unique Loi,
Et je vivotte, et m'inocule
Les grands airs gris du crépuscule,
Et j'en garule! et j'en garule!

XXXVIII

DIMANCHES

Mon Sort est orphelin, les Vêpres ont tu leurs cloches....
    Et ces pianos qui ritournellent, jamais las!....
    Oh! monter, leur expliquer mon apostolat!
    Oh! du moins, leur tourner les pages, être là,
Les consoler! (J'ai des consolations plein les poches)....

Les pianos se sont clos. Un seul, en grand deuil,
                              s'obstine....
    Oh! qui que tu sois, sœur! à genoux, à tâtons,
    Baiser le bas de ta robe dans l'abandon!....
    Pourvu qu'après, tu me chasses, disant : « Pardon!
« Pardon, m'sieu! mais j'en aime un autre, et suis sa
                              cousine! »

Oh! que je suis bien infortuné sur cette Terre!....
    Et puis si malheureux de ne pas être Ailleurs!
    Ailleurs, loin de ce savant siècle batailleur....
    C'est là que je m' créerai un petit intérieur,
Avec Une dont, comme de Moi, Tout n'a que faire.

      Une maigre qui me parlait,
  Les yeux hallucinés de Gloires virginales,
      De rendre l'âme, sans scandale,
      Dans un flacon de sels anglais.....

Une qui me fît oublier
Mon art et ses rançons d'absurdes saturnales,
En attisant, gauche vestale,
L'Aurore dans mes oreillers....

Et que son regard
Sublime
Comme ma rime
Ne permît pas le moindre doute à cet égard.

XXXIX

PETITES MISÈRES DE MAI

On dit : l'Express
Pour Bénarès !

La Basilique
Des gens cosmiques !....

Allons, chantons
Le Grand Pardon !

Allons, Tityres
Des blancs martyres !

Chantons : Nenni !
À l'Infini,

Hors des clôtures
De la Nature !

(Nous louerons Dieu,
En temps et lieu.)

Oh ! les beaux arbres
En candélabres !....

Oh! les refrains
Des Pèlerins!....

Oh! ces toquades
De Croisades!....

— Et puis, fourbu
Dès le début.

Et retour louche....
— Ah! tu découches!

XL

PETITES MISÈRES D'AUTOMNE

HAMLET : *Get thee to a nunnery; why wouldst thou be a breeder of sinners? I am myself indifferent honest; but yet I could accuse me of such things, that it were better, my mother had not borne me, I am very proud, revengeful, ambitious; with more offences at my beck, than I have thoughts to put them in etc... to a nunnery.*

Je me souviens, — dis, rêvé ce bal blanc?
Une, en robe rose et les joues en feu,
M'a tout ce soir-là dévoré des yeux,
Des yeux impérieux et puis dolents,
   (Je vous demande un peu!)

Car vrai, fort peu sur moi d'un en vedette,
Ah! pas plus ce soir-là d'ailleurs que d'autres,
Peut-être un peu mon natif air d'apôtre,
Empêcheur de danser en rond sur cette
   Scandaleuse planète.

Et, tout un soir, ces grands yeux envahis
De moi! Moi, dos voûté sous l'À quoi Bon?
Puis, partis, comme à jamais vagabonds!

(Peut-être en ont-ils peu après failli?...)
                    Moi quitté le pays.

Chez nous, aux primes salves d'un sublime,
Faut battre en retraite. C'est sans issue.
Toi, pauvre, et t'escomptant déjà déçue
Par ce cœur (qui même eût plaint ton estime)
                    J'ai été en victime,

En victime après un joujou des nuits!
Ses boudoirs pluvieux mirent en sang
Mon inutile cœur d'adolescent...
Et j'en dormis. A l'aube je m'enfuis...
                    Bien égal aujourd'hui.

XLI

SANCTA SIMPLICITAS

Passants, m'induisez point en beautés d'aventure,
    Mon Destin n'en saurait avoir cure;
Je ne peux plus m'occuper que des Jeunes Filles,
    Avec ou sans parfum de famille.

Pas non plus mon chez moi, ces précaires liaisons,
    Où l'on s'aime en comptant par saisons;
L'Amour dit légitime est seul solvable! car
    Il est sûr de demain, dans son art.

Il a le Temps, qu'un grand amour toujours convie;
    C'est la table mise pour la vie;
Quand demain n'est pas sûr, chacun se gare vite!
    Et même, autant en finir tout de suite.

Oh! adjugés à mort! comme qui concluraient :
    « D'avance, tout de toi m'est sacré,
« Et vieillesse à venir, et les maux hasardeux!
    « C'est dit! Et maintenant, à nous deux! »

Vaisseaux brûlés! et, à l'horizon, nul divorce!
    C'est ça qui vous donne de la force!
Ô mon seul débouché! — Ô mon vatout nubile!
    À nous nos deux vies! Voici notre île.

XLII

ESTHÉTIQUE

La Femme mûre ou jeune fille,
J'en ai frôlé toutes les sortes,
Des faciles, des difficiles;
Voici l'avis que j'en rapporte :

C'est des fleurs diversement mises,
Aux airs fiers ou seuls selon l'heure;
Nul cri sur elles n'a de prise;
Nous jouissons, Elle demeure.

Rien ne les tient, rien ne les fâche,
Elles veulent qu'on les trouve belles,
Qu'on le leur râle et leur rabâche,
Et qu'on les use comme telles;

Sans souci de serments, de bagues,
Suçons le peu qu'elles nous donnent,
Notre respect peut être vague,
Leurs yeux sont haut et monotones.

Cueillons sans espoirs et sans drames,
La chair vieillit après les roses;
Oh! parcourons le plus de gammes!
Car il n'y a pas autre chose.

XLIII

L'ÎLE

C'est l'Île; Éden entouré de l'eau de tous côtés!....
Je viens de galoper avec mon Astarté
À l'aube des mers; on fait sécher nos cavales.
Des veuves de Titans délacent nos sandales,
Éventent nos tresses rousses, et je reprends
Mon Sceptre tout écaillé d'émaux effarants!
On est gai, ce matin. Depuis une semaine
Ces lents brouillards plongeaient mes sujets dans la
Tout soupirants après un beau jour de soleil   peine,
Pour qu'on prît la photographie de Mon Orteil.....

Ah! non, c'est pas cela, mon Île, ma douce île....
Je ne suis pas encore un Néron si sénile....
Mon île pâle est au Pôle, mais au dernier
Des Pôles, inconnu des plus fols baleiniers!
Les Icebergs entrechoqués s'avançant pâles
Dans les brumes ainsi que d'albes cathédrales
M'ont cerné sur un bloc; et c'est là que, très-seul,
Je fleuris, doux lys de la zone des linceuls,
Avec ma mie!

                    Ma mie a deux yeux diaphanes
Et viveurs! et, avec cela, l'arc de Diane
N'est pas plus fier et plus hautement en arrêt

Que sa bouche! (arrangez cela comme pourrez....)
Oh! ma mie.... — Et sa chair affecte un caractère
Qui n'est assurément pas fait pour me déplaire :
Sa chair est lumineuse et sent la neige, exprès
Pour que mon front pesant y soit toujours au frais,
Mon Front Équatorial, Serre d'Anomalies!.....
Bref, c'est, au bas mot, une femme accomplie.

Et puis, elle a des perles tristes dans la voix.....
Et ses épaules sont aussi de premier choix.
Et nous vivons ainsi, subtils et transis, presque
Dans la simplicité des gens peints sur les fresques.
Et c'est l'Île. Et voilà vers quel Eldorado
L'Exode nihiliste a poussé mon radeau.

Ô lendemains de noce où nos voix mal éteintes
Chantent aux échos blancs la si grêle complainte :

LE VAISSEAU FANTÔME

Il était un petit navire
Où Ugolin mena ses fils,
Sous prétexte, le vieux vampire!
De les fair' voyager gratis.

Au bout de cinq à six semaines,
Les vivres vinrent à manquer,
Il dit : « Vous mettez pas en peine;
« Mes fils n' m'ont jamais dégoûté! »

On tira z'à la courte paille,
Formalité! raffinement!
Car cet homme il n'avait d'entrailles
Qu' pour en calmer les tiraill'ments,

Et donc, stoïque et légendaire,
Ugolin mangea ses enfants,
Afin d' leur conserver un père...
Oh! quand j'y song', mon cœur se fend!

Si cette histoire vous embête,
C'est que vous êtes un sans-cœur!
Ah! j'ai du cœur par d'ssus la tête,
Oh! rien partout que rir's moqueurs!...

XLIV

DIMANCHES

LAERTES *to Ophelia :*
The chariest maid is prodigal enough
If she unmask her beauty to the moon.

J'aime, j'aime de tout mon siècle! cette hostie
Féminine en si vierge et destructible chair
Qu'on voit, au point du jour, altièrement sertie
Dans de cendreuses toilettes déjà d'hiver,
Se fuir le long des cris surhumains de la mer!

(Des yeux dégustateurs âpres à la curée;
      Une bouche à jamais cloîtrée!)

(— Voici qu'elle m'honore de ses confidences;
      J'en souffre plus qu'elle ne pense!)

— Chère perdue, comment votre esprit éclairé,
Et ce stylet d'acier de vos regards bleuâtres
N'ont-ils pas su percer à jour la mise en frais
De cet économique et passager bellâtre?....
— Il vint le premier; j'étais seule devant l'âtre....

      Hier l'orchestre attaqua
      Sa dernière polka.

Oh! l'automne, l'automne!
　　Les casinos
　　Qu'on abandonne
Remisent leurs pianos!....

Phrases, verroteries,
Caillots de souvenirs.
Oh! comme elle est maigrie!
Que vais-je devenir....

Adieu! les files d'ifs dans les grisailles,
Ont l'air de pleureuses de funérailles
Sous l'autan noir qui veut que tout s'en aille.

　　　Assez, assez,
C'est toi qui as commencé.

Va, ce n'est plus l'odeur de tes fourrures.
Va, vos moindres clins d'yeux sont des parjures.
Tais-toi, avec vous autres rien ne dure.

　　　Tais-toi, tais-toi.
On n'aime qu'une fois.

XLV

NOTRE PETITE COMPAGNE

Si mon Air vous dit quelque chose,
Vous auriez tort de vous gêner;
Je ne la fais pas à la pose;
Je suis La Femme, on me connaît.

Bandeaux plats ou crinière folle,
Dites? quel Front vous rendrait fou?
J'ai l'art de toutes les écoles,
J'ai des âmes pour tous les goûts.

Cueillez la fleur de mes visages,
Buvez ma bouche et non ma voix,
Et n'en cherchez pas davantage...
Nul n'y vit clair; pas même moi.

Nos armes ne sont pas égales,
Pour que je vous tende la main,
Vous n'êtes que de naïfs mâles,
Je suis l'Éternel Féminin!

Mon But se perd dans les Étoiles!....
C'est moi qui suis la Grande Isis!
Nul ne m'a retroussé mon voile.
Ne songez qu'à mes oasis....

Si mon Air vous dit quelque chose,
Vous auriez tort de vous gêner;
Je ne la fais pas à la pose :
Je suis La Femme! on me connaît.

XLVI

COMPLAINTE
DES CRÉPUSCULES CÉLIBATAIRES

C'est l'existence des passants...
Oh! tant d'histoires personnelles!...
Qu'amèrement intéressant
De se navrer de leur kyrielle!

Ils s'en vont flairés d'obscurs chiens,
Ou portent des paquets, ou flânent...
Ah! sont-ils assez quotidiens,
Tueurs de temps et monomanes,

Et lorgneurs d'or comme de strass
Aux quotidiennes devantures!...
La vitrine allume son gaz,
Toujours de nouvelles figures...

Oh! que tout m'est accidentel!
Oh! j'ai-t-y l'âme perpétuelle!...
Hélas, dans ce cas, rien de tel
Que de pleurer une infidèle!...

Mais qu'ai-je donc laissé là-bas,
Rien. Eh! voilà mon grand reproche!
Ô culte d'un Dieu qui n'est pas
Quand feras-tu taire tes cloches!...

Je vague depuis le matin,
En proie à des loisirs coupables,
Épiant quelque grand destin
Dans l'œil de mes douces semblables...

Oh! rien qu'un lâche point d'arrêt
Dans mon destin qui se dévide!...
Un amour pour moi tout exprès
En un chez nous de chrysalide!...

Un simple cœur, et des regards
Purs de tout esprit de conquête,
Je suis si exténué d'art!
Me répéter, oh! mal de tête!...

Va, et les gouttières de l'ennui!
Ça goutte, goutte sur ma nuque...
Ça claque, claque à petit bruit...
Oh! ça claquera jusque... jusque?...

XLVII

ÈVE, SANS TRÊVE

Et la Coiffure, l'Art du Front,
Cheveux massés à la Néron
Sur des yeux qui, du coup, fermentent;
Tresses, bandeaux, crinière ardente;
Madone ou caniche ou bacchante;
Mes frères, décoiffons d'abord! puis nous verrons.

Ah! les ensorcelants Protées!
Et suivez-les décolletées
Des épaules; comme, aussitôt,
Leurs yeux, les plus durs, les plus faux,
Se noient, l'air tendre et comme il faut,
Dans ce halo de chair en harmonies lactées!.....

Et ce purgatif : Vierge hier,
Porter aujourd'hui dans sa chair,
Fixe, un Œil mâle, en fécondée!
L'âme doit être débordée!
Oh! nous n'en avons pas idée!
Lenr air reste le même, avenant et désert....

Avenant, Promis et Joconde!
Et par les rues, et dans le monde
Qui saurait dire de ces yeux

Réfléchissant tout ce qu'on veut
Voici les vierges, voici ceux
Où la Foudre finale a bien jeté la sonde.

Ah! non, laissons, on n'y peut rien.
Suivons-les comme de bons chiens
Couvrons de baisers leurs visages
Du moment, faisons bon ménage
Avec leurs bleus, leurs noirs mirages
Cueillons-en, puis chantons : merci c'est bien, fort bien....

XLVIII

DIMANCHES

Le Dimanche, on se plaît
À dire un chapelet
À ses frères de lait.

Orphée, ô jeune Orphée!
Sérails des coriphées
Aux soirs du fleuve Alphée....

Parcifal, Parcifal!
Étendard virginal
Sur les remparts du mal....

Prométhée, Prométhée!
Phrase répercutée
Par les siècles athées....

Nabuchodonosor!
Moloch des âges d'or
Régissez-nous encor?...

Et vous donc, filles d'Ève,
Sœurs de lait, sœurs de sève,
Des destins qu'on se rêve!

Salomé, Salomé !
Sarcophage embaumé
Où dort maint Bien-Aimé....

Ophélie toi surtout
Viens moi par ce soir d'août
Ce sera entre nous.

Salammbo, Salammbo !
Lune au chaste halo
Qui laves nos tombeaux....

Grande sœur, Messaline !
Ô panthère câline
Griffant nos mousselines....

Oh ! même Cendrillon
Reprisant ses haillons
Au foyer sans grillon....

Ou Paul et Virginie,
Ô vignette bénie
Des ciels des colonies....

— Psyché, folle Psyché,
Feu-follet du péché,
Vous vous ferez moucher !..

XLIX
ROUAGES

Manque.

L

LA MÉLANCOLIE DE PIERROT

Le premier jour, je bois leurs yeux ennuyés....
      Je baiserais leurs pieds,
      À mort. Ah! qu'elles daignent
      Prendre mon cœur qui saigne!
Puis, on cause.... — et ça devient de la Pitié;
Et enfin je leur offre mon amitié.

C'est de pitié, que je m'offre en frère, en guide;
      Elles, me croient timide,
      Et clignent d'un œil doux :
      « Un mot, je suis à vous! »
(Je te crois) Alors, moi, d'étaler les rides
De ce cœur, et de sourire dans le vide.....

Et soudain j'abandonne la garnison,
      Feignant de trahisons!
      (Je l'ai échappé belle!)
      Au moins, m'écrira-t-elle?
Point. Et je la pleure toute la saison....
— Ah! j'en ai assez de ces combinaisons!

Qui m'apprivoisera le cœur! belle cure.....
      Suis si vrai de nature

Aie la douceur des sœurs!
Oh viens! suis pas noceur,
Serait-ce donc une si grosse aventure
Sous le soleil? dans toute cette verdure...

LI

CAS RÉDHIBITOIRE
(Mariage)

Ah! mon âme a sept facultés!
Plus autant qu'il est de chefs-d'œuvre,
Plus mille microbes ratés
Qui m'ont pris pour champ de manœuvre.

Oh! le suffrage universel
Qui se bouscule et se chicane,
À chaque instant, au moindre appel,
Dans mes mille occultes organes!....

J'aurais voulu vivre à grands traits,
Le long d'un classique programme
Et m'associant en un congrès
Avec quelque classique femme.

Mais peut-il être question
D'aller tirer des exemplaires
De son individu si on
N'en a pas une idée plus claire?....

LII

ARABESQUES DE MALHEUR

Nous nous aimions comme deux fous ;
On s'est quittés sans en parler.
(Un spleen me tenait exilé
Et ce spleen me venait de tout.)

Que ferons-nous, moi, de mon âme,
Elle de sa tendre jeunesse !
Ô vieillissante pécheresse,
Oh ! que tu vas me rendre infâme !

Des ans vont passer là-dessus ;
On durcira chacun pour soi ;
Et plus d'une fois, je m'y vois,
On ragera : « Si j'avais su ! »....

Oh ! comme on fait claquer les portes,
Dans ce Grand Hôtel d'anonymes !
Touristes, couples légitimes,
Ma Destinée est demi-morte !....

— Ses yeux disaient : « Comprenez-vous !
« Comment ne comprenez-vous pas ! »
Et nul n'a pu le premier pas ;
On s'est séparés d'un air fou.

Si on ne tombe pas d'un même
Ensemble à genoux, c'est factice,
C'est du toc. Voilà la justice
Selon moi, voilà comment j'aime.

LIII

LES CHAUVES-SOURIS

C'est qu'elles m'ont l'air bien folles, ce soir,
Les cloches du couvent des carmélites!
Et je me demande au nom de quels rites....
      Allons, montons voir.

Oh! parmi les poussiéreuses poutrelles,
Ce sont de jeunes chauves-souris
Folles d'essayer enfin hors du nid
      Leurs vieillottes ailes!

— Elles s'en iront désormais aux soirs,
Chasser les moustiques sur la rivière,
À l'heure où les diurnes lavandières
      Ont tu leurs battoirs.

— Et ces couchants seront tout solitaires,
Tout quotidiens et tout supra-Védas,
Tout aussi vrais que si je n'étais pas,
      Tout à leur affaire.

Ah! ils seront tout aussi quotidiens
Qu'aux temps où la planète à la dérive
En ses langes de vapeurs primitives
      Ne savait rien d' rien.

Ils seront tout aussi à leur affaire
Quand je ne viendrai plus crier bravo!
Aux assortiments de mourants joyaux
           De leur éventaire,

Qu'aux jours où certain bohême filon
Du commun néant n'avait pas encore
Pris un accès d'existence pécore
           Sous mon pauvre nom.

LIV

SIGNALEMENT

Chair de l'Autre Sexe! Élément non-moi!
Chair, vive de vingt ans poussés loin de ma bouche!....
L'air de sa chair m'ensorcelle en la foi
Aux abois
Que par Elle, ou jamais, Mon Destin fera souche.....
Et, tout tremblant, je regarde, je touche....

Je me prouve qu'Elle est! — et puis, ne sais qu'en
Et je revois mes chemins de Damas   croire.....
Au bout desquels c'était encor les balançoires
Provisoires....
Et je me récuse, et je me débats!
Fou d'un art à nous deux! et fou de célibats....

Et toujours le même Air! me met en frais
De cœur, et me transit en ces conciliabules....
Deux grands yeux savants, fixes et sacrés
Tout exprès.
Là, pour garder leur sœur cadette, et si crédule,
Une bouche qui rit en campanule!....

(Ô yeux durs, bouche folle!) — ou bien Ah! le contraire:
Une bouche toute à ses grands ennuis,
Mais l'arc tendu! sachant ses yeux, ses petits frères

Tout à plaire,
Et capables de rendez-vous de nuit
Pour un rien, pour une larme qu'on leur essui'!....

Oui, sous ces airs supérieurs,
Le cœur me piaffe de génie
En labyrinthes d'insomnie!....
Et puis, et puis, c'est bien ailleurs,
Que je communie....

LV

DIMANCHES

Jaques Motley's the only wear.

Ils enseignent
Que la nature se divise en trois règnes,
Et professent
Le perfectionnement de notre Espèce.

Ah! des canapés
Dans un val de Tempé!

Des contrées
Tempérées,
Et des gens
Indulgents
Qui pâturent
La Nature.
En janvier,
Des terriers
Où l'on s'aime
Sans système,
Des bassins
Noirs d'essaims
D'acrobates
Disparates

Qui patinent
En sourdine...

Ah! vous savez ces choses
Tout aussi bien que moi;
Je ne vois pas pourquoi
On veut que j'en recause.

LVI

AIR DE BINIOU

Non, non, ma pauvre cornemuse,
Ta complainte est pas si oiseuse;
Et Tout est bien une méprise,
Et l'on peut la trouver mauvaise;

Et la Nature est une épouse
Qui nous carambole d'extases,
Et puis, nous occit, peu courtoise,
Dès qu'on se permet une pause.

Eh bien! qu'elle en prenne à son aise,
Et que tout fonctionne à sa guise!
Nous, nous entretiendrons les Muses.
Les neuf immortelles Glaneuses!

(Oh! pourrions-nous pas, par nos phrases,
Si bien lui retourner les choses,
Que cette marâtre jalouse
N'ait plus sur nos rentes de prise?)

Derniers vers

I have not art to reckon my groans...
Thine evermore, most dear lady, whilst this machine is to him

J. L.

OPHELIA : *He took me by the wrist, and held me hard;*
Then goes he to the length of all his arm,
And, with his other hand thus o'er his brow,
He falls to such perusal of my face,
As he would draw it.   Long stay'd he so :
At last, — a little shaking of mine arm,
And thrice his head thus waving up and down, —
He rais'd a sigh so piteous and profound,
That it did seem to shatter all his bulk,
And end his being.   That done he lets me go,
And with his head over his shoulder turn'd :
He seem'd to find his way without his eyes ;
For out o'doors he went without their help,
And to the last bended their light on me.

POLONIUS : *This is the very ecstasy of love.*

I

L'HIVER QUI VIENT

Blocus sentimental! Messageries du Levant!...
Oh, tombée de la pluie! Oh! tombée de la nuit,
Oh! le vent!...
La Toussaint, la Noël et la Nouvelle Année,
Oh, dans les bruines, toutes mes cheminées!...
D'usines....

On ne peut plus s'asseoir, tous les bancs sont mouillés;
Crois-moi, c'est bien fini jusqu'à l'année prochaine,
Tant les bancs sont mouillés, tant les bois sont rouillés,
Et tant les cors ont fait ton ton, ont fait ton taine!...

Ah, nuées accourues des côtes de la Manche,
Vous nous avez gâté notre dernier dimanche.

Il bruine;
Dans la forêt mouillée, les toiles d'araignées
Ploient sous les gouttes d'eau, et c'est leur ruine.

Soleils plénipotentiaires des travaux en blonds Pactoles
Des spectacles agricoles,
Où êtes-vous ensevelis?
Ce soir un soleil fichu gît au haut du coteau
Gît sur le flanc, dans les genêts, sur son manteau,

Un soleil blanc comme un crachat d'estaminet
Sur une litière de jaunes genêts
De jaunes genêts d'automne.
Et les cors lui sonnent!
Qu'il revienne....
Qu'il revienne à lui!
Taïaut! Taïaut! et hallali!
Ô triste antienne, as-tu fini!...
Et font les fous!...
Et il gît là, comme une glande arrachée dans un cou,
Et il frissonne, sans personne!...

Allons, allons, et hallali!
C'est l'Hiver bien connu qui s'amène;
Oh! les tournants des grandes routes,
Et sans petit Chaperon Rouge qui chemine!...
Oh! leurs ornières des chars de l'autre mois,
Montant en don quichottesques rails
Vers les patrouilles des nuées en déroute
Que le vent malmène vers les transatlantiques bercails!...
Accélérons, accélérons, c'est la saison bien connue,
                                        cette fois.

Et le vent, cette nuit, il en a fait de belles!
Ô dégâts, ô nids, ô modestes jardinets!
Mon cœur et mon sommeil : ô échos des cognées!...

Tous ces rameaux avaient encor leurs feuilles vertes,
Les sous-bois ne sont plus qu'un fumier de feuilles
                                        mortes;
Feuilles, folioles, qu'un bon vent vous emporte
Vers les étangs par ribambelles,
Ou pour le feu du garde-chasse,
Ou les sommiers des ambulances
Pour les soldats loin de la France.

C'est la saison, c'est la saison, la rouille envahit les
                                                    masses,
La rouille ronge en leurs spleens kilométriques
Les fils télégraphiques des grandes routes où nul ne
                                                    passe.

Les cors, les cors, les cors — mélancoliques!...
Mélancoliques!...
S'en vont, changeant de ton,
Changeant de ton et de musique,
Ton ton, ton taine, ton ton!...
Les cors, les cors, les cors!...
S'en sont allés au vent du Nord.

Je ne puis quitter ce ton : que d'échos!...
C'est la saison, c'est la saison, adieu vendanges!...
Voici venir les pluies d'une patience d'ange,
Adieu vendanges, et adieu tous les paniers,
Tous les paniers Watteau des bourrées sous les mar-
                                                    ronniers,
C'est la toux dans les dortoirs du lycée qui rentre,
C'est la tisane sans le foyer,
La phtisie pulmonaire attristant le quartier,
Et toute la misère des grands centres.

Mais, lainages, caoutchoucs, pharmacie, rêve,
Rideaux écartés du haut des balcons des grèves
Devant l'océan de toitures des faubourgs,
Lampes, estampes, thé, petits-fours,
Serez-vous pas mes seules amours!...
(Oh! et puis, est-ce que tu connais, outre les pianos,
Le sobre et vespéral mystère hebdomadaire
Des statistiques sanitaires
Dans les journaux?)

Non, non! C'est la saison et la planète falote!
Que l'autan, que l'autan
Effiloche les savates que le Temps se tricote!
C'est la saison, oh déchirements! c'est la saison!
Tous les ans, tous les ans,
J'essaierai en chœur d'en donner la note.

II

LE MYSTÈRE DES TROIS CORS

Un cor dans la plaine
Souffle à perdre haleine,
Un autre, du fond des bois,
Lui répond;
L'un chante ton-taine
Aux forêts prochaines,
Et l'autre ton-ton
Aux échos des monts.

Celui de la plaine
Sent gonfler ses veines,
Ses veines du front;
Celui du bocage,
En vérité, ménage
Ses jolis poumons.

— Où donc tu te caches,
Mon beau cor de chasse?
Que tu es méchant!

— Je cherche ma belle,
Là-bas, qui m'appelle
Pour voir le Soleil couchant.

— Taïaut! Taïaut! Je t'aime!
Hallali! Roncevaux!

— Être aimé est bien doux;
Mais, le Soleil qui se meurt, avant tout!

Le Soleil dépose sa pontificale étole,
Lâche les écluses du Grand-Collecteur
En mille Pactoles
Que les plus artistes
De nos liquoristes
Attisent de cent fioles de vitriol oriental!...
Le sanglant étang, aussitôt s'étend, aussitôt s'étale,
Noyant les cavales du quadrige
Qui se cabre, et qui patauge, et puis se fige
Dans ces déluges de bengale et d'alcool!...

Mais les durs sables et les cendres de l'horizon
Ont vite bu tout cet étalage des poisons.

Ton-ton ton-taine, les gloires!....

Et les cors consternés
Se retrouvent nez à nez;
Ils sont trois;
Le vent se lève, il commence à faire froid.

Ton-ton ton-taine, les gloires!...

— « Bras-dessus, bras-dessous,
« Avant de rentrer chacun chez nous,
« Si nous allions boire
« Un coup? »

Pauvres cors! pauvres cors!
Comme ils dirent cela avec un rire amer!
(Je les entends encor).

Le lendemain, l'hôtesse du *Grand-Saint-Hubert*
Les trouva tous trois morts.

On fut quérir les autorités
De la localité,

Qui dressèrent procès-verbal
De ce mystère très-immoral.

III

DIMANCHES

Bref, j'allais me donner d'un « Je vous aime »
Quand je m'avisai non sans peine
Que d'abord je ne me possédais pas bien moi-même.

(Mon Moi, c'est Galathée aveuglant Pygmalion!
Impossible de modifier cette situation.)

Ainsi donc, pauvre, pâle et piètre individu
Qui ne croit à son Moi qu'à ses moments perdus,
Je vis s'effacer ma fiancée
Emportée par le cours des choses,
Telle l'épine voit s'effeuiller,
Sous prétexte de soir sa meilleure rose.

Or, cette nuit anniversaire, toutes les Walkyries du vent
Sont revenues beugler par les fentes de ma porte :
Væ soli !
Mais, ah! qu'importe?
Il fallait m'en étourdir avant!
Trop tard! ma petite folie est morte!
Qu'importe *Væ soli !*
Je ne retrouverai plus ma petite folie.

Le grand vent bâillonné,
S'endimanche enfin le ciel du matin.
Et alors, eh! allez donc, carillonnez,
Toutes cloches des bons dimanches!
Et passez layettes et collerettes et robes blanches
Dans un frou-frou de lavande et de thym
Vers l'encens et les brioches!
Tout pour la famille, quoi! *Væ soli !* C'est certain.

La jeune demoiselle à l'ivoirin paroissien
Modestement rentre au logis.
On le voit, son petit corps bien reblanchi
Sait qu'il appartient
À un tout autre passé que le mien!

Mon corps, ô ma sœur, a bien mal à sa belle âme...

Oh! voilà que ton piano
Me recommence, si natal maintenant!
Et ton cœur qui s'ignore s'y ânonne
En ritournelles de bastringues à tout venant,
Et ta pauvre chair s'y fait mal!...
À moi, Walkyries!
Walkyries des hypocondries et des tueries!

Ah! que je te les tordrais avec plaisir,
Ce corps bijou, ce cœur à ténor,
Et te dirais leur fait, et puis encore
La manière de s'en servir
De s'en servir à deux,
Si tu voulais seulement m'approfondir ensuite un peu!

Non, non! C'est sucer la chair d'un cœur élu,
Adorer d'incurables organes

S'entrevoir avant que les tissus se fanent
En monomanes, en reclus !

Et ce n'est pas sa chair qui me serait tout,
Et je ne serais pas qu'un grand cœur pour elle,
Mais quoi s'en aller faire les fous
Dans des histoires fraternelles !
L'âme et la chair, la chair et l'âme,
C'est l'Esprit édénique et fier
D'être un peu l'Homme avec la Femme.

En attendant, oh ! garde-toi des coups de tête,
Oh ! file ton rouet et prie et reste honnête.

— Allons, dernier des poètes,
Toujours enfermé tu te rendras malade !
Vois, il fait beau temps tout le monde est dehors,
Va donc acheter deux sous d'ellébore,
Ça te fera une petite promenade.

IV

DIMANCHES

C'est l'automne, l'automne, l'automne,
Le grand vent et toute sa séquelle
De représailles! et de musiques!...
Rideaux tirés, clôture annuelle,
Chute des feuilles, des Antigones, des Philomèles :
Mon fossoyeur, *Alas poor Yorick!*
Les remue à la pelle!...

Vivent l'Amour et les feux de paille!...

Les Jeunes Filles inviolables et frêles
Descendent vers la petite chapelle
Dont les chimériques cloches
Du joli joli dimanche
Hygiéniquement et élégamment les appellent.

Comme tout se fait propre autour d'elles!
Comme tout en est dimanche!

Comme on se fait dur et boudeur à leur approche!...

Ah! moi, je demeure l'Ours Blanc!
Je suis venu par ces banquises
Plus pures que les communiantes en blanc...

Moi, je ne vais pas à l'église,
Moi, je suis le Grand Chancelier de l'Analyse,
Qu'on se le dise.

Pourtant, pourtant! Qu'est-ce que c'est que cette
anémie?
Voyons, confiez vos chagrins à votre vieil ami...

Vraiment! Vraiment!
Ah! Je me tourne vers la mer, les éléments
Et tout ce qui n'a plus que les noirs grognements!

Oh! que c'est sacré!
Et qu'il y faut de grandes veillées!

Pauvre, pauvre, sous couleur d'attraits!...

Et nous, et nous,
Ivres, ivres, avant qu'émerveillés....
Qu'émerveillés et à genoux!...

Et voyez comme on tremble
Au premier grand soir
Que tout pousse au désespoir
D'en mourir ensemble!

Ô merveille qu'on n'a su que cacher!
Si pauvre et si brûlante et si martyre!
Et qu'on n'ose toucher
Qu'à l'aveugle, en divin délire!

Ô merveille,
Reste cachée idéale violette,
L'Univers te veille,

Les générations de planètes te tettent,
De funérailles en relevailles!...

Oh, que c'est plus haut
Que ce Dieu et que la Pensée!
Et rien qu'avec ces chers yeux en haut,
Tout inconscients et couleurs de pensée!...
Si frêle, si frêle!
Et tout le mortel foyer
Tout, tout ce foyer en elle!...

Oh, pardonnez-lui si, malgré elle,
Et cela tant lui sied,
Parfois ses prunelles clignent un peu
Pour vous demander un peu
De vous apitoyer un peu!

Ô frêle, frêle et toujours prête
Pour ces messes dont on a fait un jeu
Penche, penche ta chère tête, va,
Regarde les grappes des premiers lilas,
Il ne s'agit pas de conquêtes, avec moi,
Mais d'au-delà!

Oh! puissions-nous quitter la vie
Ensemble dès cette Grand'Messe,
Écœurés de notre espèce
Qui bâille assouvie
Dès le parvis!...

V

PÉTITION

Amour absolu, carrefour sans fontaine;
Mais, à tous les bouts, d'étourdissantes **fêtes foraines.**

Jamais franches,
Ou le poing sur la hanche :
Avec toutes, l'amour s'échange
Simple et sans foi comme un bonjour.

Ô bouquets d'oranger cuirassés de satin,
Elle s'éteint, elle s'éteint,
La divine Rosace
À voir vos noces de sexes livrés à la grosse,
Courir en valsant vers la fosse
Commune!... Pauvre race!

Pas d'absolu; des compromis;
Tout est pas plus, tout est permis.

Et cependant, ô des nuits, laissez-moi, Circés,
Sombrement coiffées à la Titus,
Et les yeux en grand deuil comme des pensées!
Et passez,
Béatifiques Vénus
Étalées et découvrant vos gencives comme **un régal,**

Et bâillant des aisselles au soleil
Dans l'assourdissement des cigales!
Ou, droites, tenant sur fond violet le lotus
Des sacrilèges domestiques,
En faisant de l'index : *motus !*

Passez, passez, bien que les yeux vierges
Ne soient que cadrans d'émail bleu,
Marquant telle heure que l'on veut,
Sauf à garder pour eux, pour Elle,
Leur heure immortelle.
Sans doute au premier mot,
On va baisser ces yeux,
Et peut-être choir en syncope,
On est si vierge à fleur de robe
Peut-être même à fleur de peau,
Mais leur destinée est bien interlope, au nom de Dieu!

Ô historiques esclaves!
Oh! leur petite chambre!
Qu'on peut les en faire descendre
Vers d'autres étages,
Vers les plus frelatées des caves,
Vers les moins ange-gardien des ménages!

Et alors, le grand Suicide, à froid,
Et leur *Amen* d'une voix sans Elle,
Tout en vaquant aux petits soins secrets,
Et puis leur éternel air distrait
Leur grand air de dire : « De quoi? »
« Ah! de quoi, au fond, s'il vous plaît? »

Mon Dieu, que l'Idéal
La dépouillât de ce rôle d'ange!
Qu'elle adoptât l'Homme comme égal!

Oh, que ses yeux ne parlent plus d'Idéal,
Mais simplement d'humains échanges!
En frère et sœur par le cœur,
Et fiancés par le passé,
Et puis unis par l'Infini!
Oh, simplement d'infinis échanges
À la fin de journées
À quatre bras moissonnées,
Quand les tambours, quand les trompettes,
Ils s'en vont sonnant la retraite,
Et qu'on prend le frais sur le pas des portes,
En vidant les pots de grès
À la santé des années mortes
Qui n'ont pas laissé de regrets,
Au su de tout le canton
Que depuis toujours nous habitons,
Ton ton, ton taine, ton ton.

VI

SIMPLE AGONIE

Ô paria! — Et revoici les sympathies de mai.
Mais tu ne peux que te répéter, ô honte!
Et tu te gonfles et ne crèves jamais.
Et tu sais fort bien, ô paria,
Que ce n'est pas du tout ça.

Oh! que
Devinant l'instant le plus seul de la nature,
Ma mélodie, toute et unique, monte,
Dans le soir et redouble, et fasse tout ce qu'elle peut
Et dise la chose qu'est la chose,
Et retombe, et reprenne,
Et fasse de la peine,
Ô solo de sanglots,
Et reprenne et retombe
Selon la tâche qui lui incombe.
Oh! que ma musique
Se crucifie,
Selon sa photographie
Accoudée et mélancolique!....

Il faut trouver d'autres thèmes,
Plus mortels et plus suprêmes.

Oh! bien, avec le monde tel quel,
Je vais me faire un monde plus mortel!

Les âmes y seront à musique,
Et tous les intérêts puérilement charnels,
Ô fanfares dans les soirs,
Ce sera barbare,
Ce sera sans espoir.

Enquêtes, enquêtes,
Seront l'unique fête!
Qui m'en défie?
J'entasse sur mon lit, les journaux linge sale,
Dessins de mode, photographies quelconques,
Toute la capitale,
Matrice sociale.

Que nul n'intercède,
Ce ne sera jamais assez,
Il n'y a qu'un remède,
C'est de tout casser.

Ô fanfares dans les soirs!
Ce sera barbare,
Ce sera sans espoir.
Et nous aurons beau la piétiner à l'envi,
Nous ne serons jamais plus cruels que la vie,
Qui fait qu'il est des animaux injustement rossés,
Et des femmes à jamais laides....
Que nul n'intercède,
Il faut tout casser.

Alléluia, Terre paria.
Ce sera sans espoir,
De l'aurore au soir,

Quand il n'y en aura plus il y en aura encore,
Du soir à l'aurore.
Alléluia, Terre paria!
Les hommes de l'art
Ont dit : « Vrai, c'est trop tard. »
Pas de raison,
Pour ne pas activer sa crevaison.

Aux armes, citoyens! Il n'y a plus de RAISON :

Il prit froid l'autre automne,
S'étant attardé vers les peines des cors,
Sur la fin d'un beau jour.
Oh! ce fut pour vos cors, et ce fut pour l'automne,
Qu'il nous montra qu' « on meurt d'amour »!
On ne le verra plus aux fêtes nationales,
S'enfermer dans l'Histoire et tirer les verrous,
Il vint trop tôt, il est reparti sans scandale;
Ô vous qui m'écoutez, rentrez chacun chez vous.

VII

SOLO DE LUNE

Je fume, étalé face au ciel,
Sur l'impériale de la diligence,
Ma carcasse est cahotée, mon âme danse
Comme un Ariel;
Sans miel, sans fiel, ma belle âme danse,
Ô routes, coteaux, ô fumées, ô vallons,
Ma belle âme, ah! récapitulons.

Nous nous aimions comme deux fous,
On s'est quitté sans en parler,
Un spleen me tenait exilé,
Et ce spleen me venait de tout. Bon.

Ses yeux disaient : « Comprenez-vous?
« Pourquoi ne comprenez-vous pas? »
Mais nul n'a voulu faire le premier pas,
Voulant trop tomber *ensemble* à genoux.
(Comprenez-vous?)

Où est-elle à cette heure?
Peut-être qu'elle pleure....
Où est-elle à cette heure?
Oh! du moins, soigne-toi, je t'en conjure!

Ô fraîcheur des bois le long de la route,
Ô châle de mélancolie, tòute âme est un peu aux écoutes,
Que ma vie
Fait envie!
Cette impériale de diligence tient de la magie.

Accumulons l'irréparable!
Renchérissons sur notre sort!
Les étoiles sont plus nombreuses que le sable
Des mers où d'autres ont vu se baigner son corps;
Tout n'en va pas moins à la Mort,
Y a pas de port.

Des ans vont passer là-dessus,
On s'endurcira chacun pour soi,
Et bien souvent et déjà je m'y vois,
On se dira : « Si j'avais su.... »
Mais mariés de même, ne se fût-on pas dit :
« Si j'avais su, si j'avais su!... »?
Ah! rendez-vous maudit!
Ah! mon cœur sans issue!...
Je me suis mal conduit.

Maniaques de bonheur,
Donc, que ferons-nous? Moi de mon âme,
Elle de sa faillible jeunesse?
Ô vieillissante pécheresse,
Oh! que de soirs je vais me rendre infâme
En ton honneur!

Ses yeux clignaient : « Comprenez-vous?
« Pourquoi ne comprenez-vous pas? »
Mais nul n'a fait le premier pas
Pour tomber ensemble à genoux. Ah!...

La Lune se lève,
Ô route en grand rêve!...

On a dépassé les filatures, les scieries,
Plus que les bornes kilométriques,
De petits nuages d'un rose de confiserie,
Cependant qu'un fin croissant de lune se lève,
Ô route de rêve, ô nulle musique....
Dans ces bois de pins où depuis
Le commencement du monde
Il fait toujours nuit,
Que de chambres propres et profondes!
Oh! pour un soir d'enlèvement!
Et je les peuple et je m'y vois,
Et c'est un beau couple d'amants,
Qui gesticulent hors la loi.

Et je passe et les abandonne,
Et me recouche face au ciel,
La route tourne, je suis Ariel,
Nul ne m'attend, je ne vais chez personne,
Je n'ai que l'amitié des chambres d'hôtel.

La lune se lève,
Ô route en grand rêve!
Ô route sans terme,
Voici le relais,
Où l'on allume les lanternes,
Où l'on boit un verre de lait,
Et fouette postillon,
Dans le chant des grillons,
Sous les étoiles de juillet.

Ô clair de Lune,
Noce de feux de Bengale noyant mon infortune,

Les ombres des peupliers sur la route,...
Le gave qui s'écoute,...
Qui s'écoute chanter,...
Dans ces inondations du fleuve du Léthé,...

Ô Solo de lune,
Vous défiez ma plume,
Oh! cette nuit sur la route;
Ô Étoiles, vous êtes à faire peur,
Vous y êtes toutes! toutes!
Ô fugacité de cette heure...
Oh! qu'il y eût moyen
De m'en garder l'âme pour l'automne qui vient!...

Voici qu'il fait très très-frais,
Oh! si à la même heure,
Elle va de même le long des forêts,
Noyer son infortune
Dans les noces du clair de lune!...
(Elle aime tant errer tard!)
Elle aura oublié son foulard,
Elle va prendre mal, vu la beauté de l'heure!
Oh! soigne-toi je t'en conjure!
Oh! je ne veux plus entendre cette toux!

Ah! que ne suis-je tombé à tes genoux!
Ah! que n'as-tu défailli à mes genoux!
J'eusse été le modèle des époux!
Comme le frou-frou de ta robe est le modèle des frou-
frou.

VIII

LÉGENDE

Armorial d'anémie!
Psautier d'automne!
Offertoire de tout mon ciboire de bonheur et de génie
À cette hostie si féminine,
Et si petite toux sèche maligne,
Qu'on voit aux jours déserts, en inconnue,
Sertie en de cendreuses toilettes qui sentent déjà l'hiver,
Se fuir le long des cris surhumains de la Mer.

Grandes amours, oh! qu'est-ce encor?...

En tout cas, des lèvres sans façon,
Des lèvres déflorées,
Et quoique mortes aux chansons,
Âpres encore à la curée.
Mais les yeux d'une âme qui s'est bel et bien cloîtrée.

Enfin; voici qu'elle m'honore de ses confidences.
J'en souffre plus qu'elle ne pense.

— « Mais, chère perdue, comment votre esprit éclairé
« Et le stylet d'acier de vos yeux infaillibles,
« N'ont-ils pas su percer à jour la mise en frais
« De cet économique et passager bellâtre? »

— « Il vint le premier; j'étais seule près de l'âtre;
« Son cheval attaché à la grille
« Hennissait en désespéré.... »

— « C'est touchant (pauvre fille)
« Et puis après?
« Oh! regardez, là-bas, cet épilogue sous couleur de
« Et puis, vrai,   couchant!
« Remarquez que dès l'automne, l'automne!
« Les casinos,
« Qu'on abandonne
« Remisent leur piano;
« Hier l'orchestre attaqua
« Sa dernière polka,
« Hier, la dernière fanfare
« Sanglotait vers les gares.... »

(Oh! comme elle est maigrie!
Que va-t-elle devenir?
Durcissez, durcissez,
Vous, caillots de souvenir!)

— « Allons, les poteaux télégraphiques
« Dans les grisailles de l'exil
« Vous serviront de pleureuses de funérailles;
« Moi, c'est la saison qui veut que je m'en aille,
« Voici l'hiver qui vient.
« Ainsi soit-il.
« Ah! soignez-vous! Portez-vous bien.

« Assez! assez!
« C'est toi qui as commencé!

« Tais-toi! Vos moindres clins d'yeux sont des parjures.
« Laisse! Avec vous autres rien ne dure.

« Va, je te l'assure,
« Si je t'aimais, ce serait par gageure.

« Tais-toi! tais-toi!
« On n'aime qu'une fois! »

Ah! voici que l'on compte enfin avec Moi!

Ah! ce n'est plus l'automne, alors
Ce n'est plus l'exil.
C'est la douceur des légendes, de l'âge d'or,
Des légendes des Antigones,
Douceur qui fait qu'on se demande :
« Quand donc cela se passait-il? »

C'est des légendes, c'est des gammes perlées,
Qu'on m'a tout enfant enseignées,
Oh! rien, vous dis-je, des estampes,
Les bêtes de la terre et les oiseaux du ciel
Enguirlandant les majuscules d'un Missel,
Il n'y a pas là tant de quoi saigner?

Saigner? moi pétri du plus pur limon de Cybèle!
Moi qui lui eusse été dans tout l'art des Adams
Des Édens aussi hyperboliquement fidèle
Que l'est le Soleil chaque soir envers l'Occident!...

IX

Oh! qu'une, d'Elle-même, un beau soir, sût venir
Ne voyant plus que boire à mes lèvres, ou mourir!...

Oh! Baptême!
Oh! baptême de ma Raison d'être!
Faire naître un « Je t'aime! »
Et qu'il vienne à travers les hommes et les dieux,
Sous ma fenêtre,
Baissant les yeux!

Qu'il vienne, comme à l'aimant la foudre,
Et dans mon ciel d'orage qui craque et qui s'ouvre,
Et alors, les averses lustrales jusqu'au matin,
Le grand clapissement des averses toute la nuit! Enfin!

Qu'Elle vienne! et, baissant les yeux
Et s'essuyant les pieds
Au seuil de notre église, ô mes aïeux
Ministres de la Pitié,
Elle dise :

« Pour moi, tu n'es pas comme les autres hommes,
« Ils sont ces messieurs, toi tu viens des cieux.

« Ta bouche me fait baisser les yeux
« Et ton port me transporte
« Et je m'en découvre des trésors!
« Et je sais parfaitement que ma destinée se borne
« (Oh, j'y suis déjà bien habituée!)
« À te suivre jusqu'à ce que tu te retournes,
« Et alors t'exprimer comment tu es!

« Vraiment je ne songe pas au reste; j'attendrai
« Dans l'attendrissement de ma vie faite exprès.
« Que je te dise seulement que depuis des nuits je pleure,
« Et que mes sœurs ont bien peur que je n'en meure.

« Je pleure dans les coins, je n'ai plus goût à rien;
« Oh, j'ai tant pleuré dimanche dans mon paroissien!

« Tu me demandes pourquoi toi et non un autre,
« Ah, laisse, c'est bien toi et non un autre.

« J'en suis sûre comme du vide insensé de mon cœur
« Et comme de votre air mortellement moqueur. »

Ainsi, elle viendrait, évadée, demi-morte,
Se rouler sur le paillasson que j'ai mis à cet effet devant
                                        ma porte.
Ainsi, elle viendrait à Moi avec des yeux absolument
                                        fous,
Et elle me suivrait avec ces yeux-là partout, partout!

X

Ô géraniums diaphanes, guerroyeurs sortilèges,
Sacrilèges monomanes!
Emballages, dévergondages, douches! Ô pressoirs
Des vendanges des grands soirs!
Layettes aux abois,
Thyrses au fond des bois!
Transfusions, représailles,
Relevailles, compresses et l'éternelle potion,
Angelus ! n'en pouvoir plus
De débâcles nuptiales! de débâcles nuptiales!...

Et puis, ô mes amours,
À moi, son tous les jours,
Ô ma petite mienne, ô ma quotidienne,
Dans mon petit intérieur,
C'est-à-dire plus jamais ailleurs!

Ô ma petite quotidienne!...

Et quoi encore? Oh du génie,
Improvisations aux insomnies!

Et puis? L'observer dans le monde,
Et songer dans les coins:

« Oh, qu'elle est loin ! Oh, qu'elle est belle !
« Oh ! qui est-elle ? À qui est-elle ?
« Oh, quelle inconnue ! Oh, lui parler ! Oh, l'emmener ! »
(Et, en effet, à la fin du bal,
Elle me suivrait d'un air tout simplement fatal.)

Et puis, l'éviter des semaines
Après lui avoir fait de la peine,
Et lui donner des rendez-vous
Et nous refaire un chez nous.

Et puis, la perdre des mois et des mois,
À ne plus reconnaître sa voix !...

Oui, le Temps salit tout,
Mais, hélas ! sans en venir à bout.

Hélas ! hélas ! et plus la faculté d'errer,
Hypocondrie et pluie,
Et seul sous les vieux cieux,
De me faire le fou,
Le fou sans feux ni lieux
(Le pauvre, pauvre fou sans amours !)
Pour, alors, tomber bien bas
À me purifier la chair,
Et exulter au petit jour
En me fuyant en chemin de fer,
Ô Belles-Lettres, ô Beaux-Arts
Ainsi qu'un Ange à part !

J'aurai passé ma vie le long des quais
À faillir m'embarquer
Dans de bien funestes histoires,
Tout cela pour l'amour
De mon cœur fou de la gloire d'amour.

Oh, qu'ils sont pittoresques les trains manqués!...

Oh, qu'ils sont « À bientôt! à bientôt! »
Les bateaux
Du bout de la jetée!...

De la jetée bien charpentée
Contre la mer,
Comme ma chair
Contre l'amour.

XI

SUR UNE DÉFUNTE

Vous ne m'aimeriez pas, voyons,
Vous ne m'aimeriez pas plus,
Pas plus, entre nous,
Qu'une fraternelle Occasion?...
— Ah! elle ne m'aime pas!
Ah! elle ne ferait pas le premier pas
Pour que nous tombions ensemble à genoux!

Si elle avait rencontré seulement
A, B, C ou D, au lieu de Moi,
Elle les eût aimés uniquement!

Je les vois, je les vois....

Attendez! Je la vois,
Avec les nobles A, B, C ou D.
Elle était née pour chacun d'eux.
C'est lui, Lui, quel qu'il soit,
Elle le reflète;
D'un air parfait, elle secoue la tête
Et dit que rien, rien ne peut lui déraciner
Cette étonnante destinée.

C'est Lui; elle lui dit :
« Oh, tes yeux, ta démarche!

« Oh, le son fatal de ta voix !
« Voilà si longtemps que je te cherche !
« Oh, c'est bien Toi, cette fois !... »

Il baisse un peu sa bonne lampe,
Il la ploie, Elle, vers son cœur,
Il la baise à la tempe
Et à la place de son orphelin cœur.

Il l'endort avec des caresses tristes,
Il l'apitoie avec de petites plaintes,
Il a des considérations fatalistes,
Il prend à témoin tout ce qui existe,
Et puis, voici que l'heure tinte.

Pendant que je suis dehors
À errer avec elle au cœur,
À m'étonner peut-être
De l'obscurité de sa fenêtre.

Elle est chez lui, et s'y sent chez elle,
Et comme on vient de le voir,
Elle l'aime, éperdûment fidèle,
Dans toute sa beauté des soirs !...

Je les ai vus ! Oh, ce fut trop complet !
Elle avait l'air trop trop fidèle
Avec ses grands yeux tout en reflets
Dans sa figure toute nouvelle !

Et je ne serais qu'un pis-aller,

Et je ne serais qu'un pis-aller,
Comme l'est mon jour dans le Temps,
Comme l'est ma place dans l'Espace ;

Et l'on ne voudrait pas que j'accommodasse
De ce sort vraiment dégoûtant!...

Non, non! pour Elle, tout ou rien!
Et je m'en irai donc comme un fou,
À travers l'automne qui vient,
Dans le grand vent où il y a tout!

Je me dirai : Oh! à cette heure,
Elle est bien loin, elle pleure,
Le grand vent se lamente aussi,
Et moi je suis seul dans ma demeure,
Avec mon noble cœur tout transi,
Et sans amour et sans personne,
Car tout est misère, tout est automne,
Tout est endurci et sans merci.

Et, si je t'avais aimée ainsi,
Tu l'aurais trouvée trop bien bonne! Merci!

XII

*Get thee to a nunnery; why wouldst
thou be a breeder of sinners? I am myself
indifferent honest; but yet I could accuse
me of such things, that it were better my
mother had not borne me. We are arrant
knaves, all; believe none of us. Go thy
ways to a nunnery.*

HAMLET.

Noire bise, averse glapissante,
Et fleuve noir, et maisons closes,
Et quartiers sinistres comme des Morgues,
Et l'Attardé qui à la remorque traîne
Toute la misère du cœur et des choses,
Et la souillure des innocentes qui traînent,
Et crie à l'averse : « Oh ! arrose, arrose
« Mon cœur si brûlant, ma chair si intéressante ! »

Oh, elle, mon cœur et ma chair, que fait-elle ?...

Oh ! si elle est dehors par ce vilain temps,
De quelles histoires trop humaines rentre-t-elle ?
Et si elle est dedans,
À ne pas pouvoir dormir par ce grand vent,
Pense-t-elle au Bonheur,

Au bonheur à tout prix
Disant : tout plutôt que mon cœur reste ainsi incompris ?

Soigne-toi, soigne-toi! pauvre cœur aux abois.

(Langueurs, débilité, palpitations, larmes,
Oh, cette misère de vouloir être notre femme!)

Ô pays, ô famille!
Et l'âme toute tournée
D'héroïques destinées
Au-delà des saintes vieilles filles,
Et pour cette année!

Nuit noire, maisons closes, grand vent,
Oh, dans un couvent, dans un couvent!

Un couvent dans ma ville natale
Douce de vingt mille âmes à peine,
Entre le lycée et la préfecture
Et vis-à-vis la cathédrale,
Avec ces anonymes en robes grises,
Dans la prière, le ménage, les travaux de couture;
Et que cela suffise...
Et méprise sans envie
Tout ce qui n'est pas cette vie de Vestale
Provinciale,
Et marche à jamais glacée,
Les yeux baissés.

Oh! je ne puis voir ta petite scène fatale à vif,
Et ton pauvre air dans ce huis-clos,
Et tes tristes petits gestes instinctifs,
Et peut-être incapable de sanglots!

Oh! ce ne fut pas et ce ne peut être,
Oh! tu n'es pas comme les autres,
Crispées aux rideaux de leur fenêtre
Devant le soleil couchant qui dans son sang se vautre!
Oh! tu n'as pas l'âge,
Oh, dis, tu n'auras jamais l'âge,
Oh, tu me promets de rester sage comme une image?...

La nuit est à jamais noire,
Le vent est grandement triste,
Tout dit la vieille histoire
Qu'il faut être deux au coin du feu,
Tout bâcle un hymne fataliste,
Mais toi, il ne faut pas que tu t'abandonnes,
À ces vilains jeux!...

À ces grandes pitiés du mois de novembre!
Reste dans ta petite chambre,
Passe, à jamais glacée,
Tes beaux yeux irréconciliablement baissés.

Oh, qu'elle est là-bas, que la nuit est noire!
Que la vie est une étourdissante foire!
Que toutes sont créature, et que tout est routine!

Oh, que nous mourrons!

Eh bien, pour aimer ce qu'il y a d'histoires
Derrière ces beaux yeux d'orpheline héroïne,
Ô Nature, donne-moi la force et le courage
De me croire en âge,
Ô Nature, relève-moi le front!
Puisque, tôt ou tard, nous mourrons....

DOSSIER

Notes et variantes

L'IMITATION
DE NOTRE-DAME LA LUNE

L'édition originale de cette plaquette se présente sous la forme d'un in-12 coquille (11,2 × 18,3) de 72 pages, plus un feuillet de garde au début et un autre à la fin. Imprimée sur un papier crème satiné, elle ne contient aucune indication touchant l'importance de son tirage, qui n'a pas dû être plus élevé que celui de la première édition des *Complaintes*. Sur le premier plat de sa couverture, en papier blanc glacé, ne figure que le titre de l'ouvrage : *L'Imitation de Notre-Dame la Lune selon Jules Laforgue*. A l'intérieur, la page de titre est complétée par l'épigraphe, le nom de l'éditeur et la date de 1886. Une mention de lieu accompagne l'épigraphe : *Île de la Mainau (Lac de Constance)*. En juillet et août 1884, Laforgue avait passé quelques semaines dans cette île, auprès de l'impératrice d'Allemagne à qui ses médecins conseillaient de s'y reposer. Le grand-duc de Bade y possédait un château qu'il mit à la disposition de l'impératrice.

Léon Vanier, qui a fait suivre son nom de la mention : « éditeur des Modernes », a postdaté l'édition de *L'Imitation de Notre-Dame la Lune*, qui, tirée comme l'originale des *Complaintes* sur les presses de Léon Épinette, apparut en librairie dès novembre 1885. Le recto du second plat de la couverture offre une liste de « nouveautés littéraires », en vente en la librairie Vanier, 19, quai Saint-Michel, mais qui n'ont pas toutes été éditées par Vanier. Dans cette liste se trouvent *Les Complaintes*, dont le prix était de 3 francs, et l'annonce d'un ouvrage de Laforgue en préparation : *De la pitié, de la pitié*, projet qui semble avoir été rapidement abandonné.

Page 17. UN MOT AU SOLEIL POUR COMMENCER

Ce poème reprend et développe le thème de la *Complainte des condoléances au Soleil*, dont la facture et le ton sont fort différents des autres *Complaintes* du premier recueil de Laforgue. La même remarque s'impose à propos du poème liminaire de *L'Imitation de Notre-Dame la Lune*. Les alexandrins pesants dans lesquels le poète traite le Soleil de soudard ne s'apparentent guère aux quatrains légers des *Pierrots* et des *Locutions des Pierrots*. Il est probable que, comme la *Complainte des condoléances au Soleil*, remaniement de vers de jeunesse qui s'intitulaient *Soleil couchant de juin* (cf. notre édition des *Complaintes*, collection Poésie/Gallimard, p. 303), *Un mot au Soleil pour commencer* est la dernière version d'un poème antérieur aux *Complaintes* et que Laforgue aura sensiblement retouché pour l'incorporer à son second recueil. La « rosace de l'Unique Cathédrale », présente au quatrième vers, est une image que l'on retrouve sous diverses formes dans plusieurs poèmes de Laforgue datant de 1880 ou de 1881.

Notons aussi qu'en disant au Soleil :

> Continue à fournir de couchants avinés
> Les lendemains vomis des fêtes nationales,

Laforgue reprend à sa manière un des sarcasmes inspirés à maints auteurs de son temps par le spectacle des soûleries alors habituelles quand Paris fêtait le 14 Juillet. Un des premiers poèmes que Maurice Donnay fit entendre dans les soirées du Chat Noir commence par :

> Vois-tu la longue ribambelle
> Des gens bras dessus, bras dessous ?
> Certes la fête sera belle :
> Tous les faubourgs sont déjà saouls !

Laurent Thailhade qui, comme Laforgue, avait assisté aux réunions des Hydropathes, a moqué, lui aussi, les beuveries de la fête nationale dans une *Ballade du 14 Juillet :*

> Voici le lendemain du treize :
> Ça se fête *degueulando.*

Page 33.   PIERROTS
                        (On a des principes)

Un texte antérieur de ce poème, intitulé *On a des principes (Autre Complainte de Pierrot)*, a paru en octobre 1892, — cinq ans après la mort de Laforgue, — dans les *Entretiens politiques et littéraires*, auxquels Charles Henry l'avait communiqué. Il présente, avec le texte de *L'Imitation de Notre-Dame la Lune*, d'assez nombreuses différences de ponctuation, mais peu de véritables variantes. En voici le relevé :

v. 1   Elle disait de son air blond fondamental :
v. 11 Je sais que tu dois ressusciter le troisième
v. 14 Et tu iras, levant ainsi bien plus de dupes

Page 36.   LOCUTIONS DES PIERROTS II

G. Walch, dans son *Anthologie des poètes français contemporains* (Paris, Delagrave, et Leyde, A.-W. Sijthoff, 1906, tome II), reproduit en fac-similé un manuscrit autographe de ce poème portant le titre de *Sérénades pierrotiques* II. Laforgue avait sans doute intitulé ainsi les divers poèmes qu'il a appelés ensuite *Locutions des Pierrots.*

Le manuscrit reproduit par G. Walch n'offre pas de différences de texte avec l'édition originale de *L'Imitation de Notre-Dame la Lune.* On y trouve même une faute que l'édition originale n'a pas corrigée :

> Maintenant quelle échappe aux prises

Au début du vers 9, ce manuscrit ne comporte pas de tiret.

Ce poème a paru pour la première fois dans la revue *La Vogue*, 12 juillet 1886. Il fut peu après édité en plaquette, sous la firme des Publications de *La Vogue*. Cette plaquette, de format in-8°, ne compte que 16 pages, sous couverture rouge.

Son texte, qui comprend 169 vers, est constitué par l'assemblage de plusieurs poèmes des *Fleurs de bonne volonté* que Laforgue avait retouchés.

Le manuscrit autographe ayant servi à l'impression du *Concile féerique* a figuré à deux reprises dans des catalogues de la librairie Berès.

Les vers 1 à 30 proviennent de la pièce XXXI des *Fleurs...* (*Petites misères d'août*), dont les cinq derniers vers, laissés de côté, seront utilisés plus loin.

Les vers 31 à 96 reprennent le texte, sauf la première et la dernière strophe, de la pièce IX des *Fleurs...* (*Petites misères de juillet*).

Les vers 97 à 116 reprennent la pièce XLII des *Fleurs...* (*Esthétique*).

Les vers 117 à 140 reprennent la pièce XLV des *Fleurs...* (*Notre petite compagne*).

Un raccord de huit vers occupe les vers 141 à 148. (Laforgue en avait noté le texte en marge d'un manuscrit de *Notre petite compagne*).

Les vers 149 à 164 proviennent de la pièce XXII des *Fleurs...* (*Le bon apôtre*) dont le distique final, seul, n'a pas été repris.

Les vers 165 à 169 figurent à la fin de la pièce XXXI des *Fleurs...* (*Petites misères d'août*). Laforgue, en les reprenant, les a disposés en dialogue.

En 1890, Édouard Dujardin et Félix Fénéon joignirent *Le Concile féerique* à l'édition qu'ils publièrent, pour un petit nombre de souscripteurs, des *Derniers vers* de Jules Laforgue. On trouvera des détails sur l'établissement de cette édition dans les notes relatives à *Des Fleurs de bonne volonté.*

Le Concile féerique a fait l'objet d'une représentation unique, donnée au Théâtre d'Art en janvier 1892, au cours d'une soirée au programme de laquelle figuraient également *Les Aveugles*, de Maurice Maeterlinck.

224

Sous le titre *Les Derniers Vers de Jules Laforgue*, Édouard Dujardin et Félix Fénéon éditèrent en 1890 un volume réunissant *Des Fleurs de bonne volonté, Le Concile féerique* et les *Derniers Vers* du poète. Dujardin se chargea de faire imprimer l'ouvrage, qui ne fut pas mis en librairie, mais tiré seulement à cinquante-huit exemplaires réservés à des souscripteurs. Aussi est-il aujourd'hui introuvable.

Fénéon en avait établi le texte avec un soin méticuleux, donnant pour chaque poème toutes les variantes relevées sur les manuscrits originaux que Dujardin et lui avaient réunis.

Ces *Derniers Vers*, imprimés par Deslis frères, à Tours, forment un grand in-8° de 301 pages, à couverture crème.

La Bibliothèque Jacques Doucet en possède deux exemplaires, dont un constitué de feuilles de pré-tirage et qui appartenait à Dujardin. Ce dernier y a joint la liste des souscripteurs, dont la plupart étaient des écrivains et des artistes, un nombre relativement important d'exemplaires ayant toutefois été retenus par les rares libraires qui s'intéressaient alors à la poésie nouvelle. Voici cette liste, en regard de laquelle Dujardin a indiqué les numéros des exemplaires souscrits :

1.	Charles Delgouffre	17.	Albert Mockel
2.	Ernest Chausson	18.	Paul Bourget
3.	Émile Verhaeren	19-20.	Edmond Deman
4.	Paul Signac	21-30.	Léon Vanier
5.	Edmond Blanchard	31.	Charles Éphrussi
6.	Étienne Dupin	32.	Mme de Bonnières
7.	Stuart Merrill	33.	Francis Vielé-Griffin
8.	Gustave Kahn	34.	Henri de Régnier
9.	Jean Thorel	35.	Philibert Delorme
10.	Jean Ajalbert	36.	Louis Metman
11.	Paul Gallimard	37.	John Gray
12.	Comtesse Greffulhe	38.	Ferdinand Dufau
13.	Jacques Blanche	39.	Eugène Ysaÿe
14.	H. S. Chamberlain	40.	Octave Maus
15.	Edmond Picard	41.	Edmond Taigny
16.	Maurice de Fleury	42-45.	Edmond Bailly

46.	Challemel	52-53.	Félix Fénéon
47.	Hachette (Belin)	54.	T. de Wyzewa
48.	Edmond Deman	55.	Charles Henry
49-50.	Félix Fénéon	56-57.	Dépôt légal
51.	Émile Laforgue	58.	(celui-ci).

Dujardin a joint également à cet exemplaire d'archive le compte des dépenses et des recettes relatives à l'édition de l'ouvrage :

Impression :

texte	769		
corrections	35,25		
couverture	10,50		
brochage	13		
prospectus	22		
divers	10,05	859,80	
Papier (Darblay)		46,30	

Dépenses diverses :			Ont payé			
envoi de prospectus	2,50		25 F	18	souscript.	450
expédition prov., étr.	13,65		26	10	souscript.	260
exp. Paris	4,50		20	3	(Challemel, Hachette,	
correspondance Deslis	5				Deman)	60
corr. divers	2		18,75	4	(Deman 2)	
corr. souscript.	8				(Bailly, 2)	75
recouvrements	2,50		15	2	(Bailly)	30
timbres-quittance	2,50		12,50	10	(Vanier)	125
divers	3,30	43,95				
Total		950			Total	1 000

Selon les renseignements fournis par Dujardin et Fénéon, Laforgue cessa de travailler en 1886 aux poèmes qu'il avait pensé réunir dans *Des Fleurs de bonne volonté* et publier, comme *Les Complaintes*, chez Léon Vanier. Abandonnant son projet, il considéra dès lors le livre auquel il renonçait comme « un répertoire pour de nouveaux poèmes ». Il y prit des idées, des images, des vers, que l'on retrouve dans *Le Concile féerique* et dans les pièces appelées *Derniers vers*.

Les manuscrits d'après lesquels Fénéon établit l'édition de

1890 sont conservés aujourd'hui à la Bibliothèque Jacques Doucet, de même que la table des matières que Laforgue avait dressée au moment où il projetait la publication des *Fleurs de bonne volonté*. C'est d'après cette table que Fénéon a classé tous ces poèmes.

Page 83.   I. AVERTISSEMENT

La Bibliothèque Jacques Doucet possède trois manuscrits de ce poème, dont un brouillon intitulé *Aux Français de demain, préface*. A ce titre, Laforgue avait substitué simplement le mot *Préface* quand il remit ce poème à son ami Gustave Kahn qui le fit paraître dans *La Vogue*, le 2 mai 1886. Le titre *Avertissement* que portent deux manuscrits Doucet est sans doute postérieur à cette première publication. Le relevé des variantes fournies par les manuscrits et par *La Vogue* s'établit comme on le verra ci-dessous, mais il faut noter, pour être précis, que dans le brouillon les vers du premier quatrain se présentaient dans un ordre différent (3, 1, 2, 4).

v.	3	Ah! J'ai presque pas connu ma mère!
		J'avais presque pas connu ma mère!
		J'avais pas trop
v.	4	Moi à vingt ans je suis resté.
		Et donc à vingt ans je suis resté.
		Et ma foi vers vingt ans suis resté.
		Et donc à vingt ans je suis resté.
v.	7	Sifflait tout le temps à mes côtés :
v.	8	Ah! as-tu fini tes écritures!
v.	9	Et pas moyen de me marier
		Et pas le cœur de me marier
v.	10	Étant moi très-souillé, très-faussaire
		Étant moi trop souillé, très-faussaire
		Étant comme homme
v.	12	Mais tout l' temps là à s'extasier.
		Mais bien
v.	13	C'est pourquoi je vivote, vivote,
v.	14	Bonne girouette aux quatre saisons
		Ivre girouette aux quatre saisons
		Bonne girouette aux trent'-six saisons
		Girouette peinte aux trent'-six saisons,
v.	15	Ne disant
		Sans but ne disant ni oui ni non,
		Si ivre!

Trop fatal pour dire oui ou non
v. 16 Jusqu'à ce que la Nuit m'emmaillotte.
Jeunes Français que je vous serve d'ilote!
Jeunes gens! vous

L'indication finale de lieu et de date ne figure pas sur le brouillon. Dans le texte de *La Vogue*, elle est placée en exergue, au début du poème.

Page 84.   II. FIGUREZ-VOUS UN PEU

Trois manuscrits, dont un brouillon, de ce poème à la Bibliothèque Jacques Doucet. Le brouillon a pour titre : *Le véritable amour* et comporte une épigraphe, biffée ensuite : *Hamlet : The rest is silence.*

Variantes :

v. 3 Je m'enlève rien que d'y songer! quel baptême
v. 5 L'attirer à travers la Société, de loin,
      La pomper à travers la Société, de loin,
v. 6 Comme l'aimant la foudre. Un' deux! ni plus ni moins.
      Comme un aimant la foudre. Un' deux! ni plus ni moins.
v. 8 Les autres. Jusqu'ici je n'ai vu que des hommes.
      Les autres. Jusqu'ici c'étaient des passants d'hommes.
      Les autres. Jusqu'ici c'étaient de vilains hommes.
      Les autres. Jusqu'ici, c'étaient des vilains hommes....
      Les autres. Jusqu'ici c'étaient des vilains hommes....
v. 10 Me transporte. Et je me découvre des trésors!
v. 11 Et c'est ma destinée incurable et première
      Et c'est ma destinée immortelle et première
v. 12 D'attendre un battement vers moi de ta paupière.
      D'épier un battement à moi, de tes paupières!
      D'épier un battement vers moi, de tes paupières!
      D'épier un battement pour moi de tes paupières!
v. 15 Te dirai-je que depuis des sem
v. 17 Oh! je pleure et maigris, et n'ai plus goût à rien....
v. 20 Je ne sais; mais c'est bien Toi, et non un autre.
v. 22 Et comme de ton air mortellement moqueur.
v. 23 — Ainsi, elle viendrait, évadée, et mi-morte,
v. 25 Ainsi, Elle viendrait à Moi, les regards fous!
      Ainsi, elle viendrait à Moi! les yeux trop fous!

Page 86.   III. METTONS LE DOIGT SUR LA PLAIE

Publié pour la première fois dans *La Revue Indépendante*,

228

avril 1888. Trois manuscrits, dont un brouillon, à la Bibliothèque Jacques Doucet.

Variantes :

v. 1   Que le pur de bonheur ce m'est si je l'escompte !
      Que le pur de bonheur m'est bien si je l'escompte !
v. 2   Ou le passé, dans mes refrains de souvenance !
      Ou si je me pleure en refrains de souvenance !
      Ou si je le pleure en refrains de souvenance !
v. 3   Ce qu'on rêve, ou ce qui n'est plus. Oh ! me balance
      Le rève, ou le
      Le rêve ou ce qui fut. Oh ! Que
      Le rêve ou ce qui fut. Et comme me balance
      Du rêve, ou jamais plus ; oh ! fol qui se balance
v. 4   Au-dessus du Présent comm
v. 5   Oh ! le cru, quotidien, et trop voyant Présent !
v. 7   Actuel ou jamais ! et ne fait pas crédit
v. 8   Et m'étourdit le cœur de son air suffisant !
v. 9   Je pleure de passé, je rage d'espérance....
      Je pleure de passé, j'enrage d'espérance....
      Je pleure de passé, j'exulte d'espérance....
      Exultant de passé et pleurant d'espérance,
      Exultant de passé, gémissant d'espérance,
v. 10   Je déclare au Présent : Oh ! sois plus diaphane !
v. 11   Mais il me bat la charge et vieillit mes organes !
      Mais il me bat la charge et m'use mes organes !
v. 12   Et quand il est passé, je crie : Oh ! recommence !...
      Et quand Elle est
      Et quand l'adieu
      Et quand le bal s'éteint, je crie : Oh ! recommence...
      Et, le bateau parti, j'ulule : Oh ! recommence !
v. 13   Qu'il est palpable et vrai ! mais je me mords la main
      Et lui seul est bien là ! mais je me mords la main
      Lui seul, pourtant, est vrai ! mais je me mords la main
v. 14   Plutôt ! Je suis trop jeune ou trop agonisant !...
v. 15   Oh ! rien qu'un pont entre mon cœur et le Présent !...

Le quatrain final ne figure que sur le dernier des trois manuscrits.

Le verbe *ululer* que l'on rencontre au 12e vers de ce poème était d'un emploi peu fréquent en poésie avant que Laforgue n'en fît usage à plusieurs reprises, et notamment dans une des pièces de *L'Imitation de Notre-Dame la Lune (Dialogue avant le lever de la lune)*. Depuis lors, Guillaume Apollinaire l'a utilisé à son tour, et notamment dans *L'Ermite*, un des poèmes d'*Alcools*.

Publié pour la première fois dans *La Revue Indépendante*, avril 1888. Trois manuscrits à la Bibliothèque Jacques Doucet. Le premier de ces manuscrits ne comporte ni titre ni épigraphe. Le second s'intitulait d'abord *Dimanches*. L'auteur a biffé ce mot pour le remplacer par *Maniaque*. L'épigraphe figure dans ce manuscrit-là, ainsi que dans le troisième.

Variantes :

v.	1	Et pourtant on en sait de simples,
v.	4	A bien quelque âme pour doublure ?
v.	5	O chairs de pêche, albes rougeurs,
		Mais ! chairs de pêche, albes rougeurs,
v.	6	Chairs de victime aux pubertés,
v.	7	Toujours prêtes, d'un voyageur
v.	9	O lâches protées sans vergogne !
		Et lâches protées sans vergogne !
v.	10	Changeant de nom, de rôle et d'âme !
v.	12	Amantes ! tout, et toujours Femme !
		Amantes ! tout, et toujours femmes !....
v.	13	Des pudeurs, des hontes ; — et si
		Des pudeurs, des larmes ; — et si
		Des pudeurs, des larmes ?... — et si
v.	16	Et ne puis me tirer de là ?....

Page 88.   V. LE VRAI DE LA CHOSE

Trois manuscrits, dont un brouillon, à la Bibliothèque Jacques Doucet. Le brouillon n'a pas de titre.

Variantes :

v.	1	D'elle à moi la chair n'est pas tout
		Ce n'est pas sa chair qui m'est tout
		Ah ! c'est pas sa chair qui m'est tout,
		Ah ! c'est pas seulement
v.	2	Mon cœur n'est pas mon Tout pour elle,
		Et j'ai
		Et je n'ai pas qu'un cœur pour elle.
		Je ne suis pas qu'un cœur pour elle.
		Et suis pas qu'un bon cœur pour elle
v.	3	Non ! c'est d'aller faire les fous
		Mais c'est d'aller faire les fous
v.	4	Vers des histoires fraternelles !

v. 6   Oh! vous savez qu'il y a moyen
       Oh! vous savez qu'on y parvient.
       Oh! vous savez que l'on y vient!
v. 7   Oh! vous savez parfaitement qu'on en revient!
       Oh! vous savez parfaitement qu'on y parvient
v. 8   Et comment ça s'appelle!....
v. 9   Lui détailler quel tout je suis!
v. 10 Et que ses yeux ravis m'en suivent!
v. 11 Lors lui râler : « Tu m'as séduit,
       Et lors : C'est toi qui m'as séduit
       Et alors moi : « Tu m'as séduit,

Le quatrième quatrain a été composé après tous les autres.

v. 13 L'aimer et me baigner d'amour
       Nous aimer tour à tour
v. 14 Vers des bonheurs de basse[s]-cours
       Dans du soleil de basse-cour
v. 15 Et partout! avec nous en donner toujours
       Et de vierges tunnels et tout! avec toujours
       Vers de vierges tunnels et tout! avec toujours
       Et dans les lunes et partout, avec toujours
       Et sous les lunes et partout, avec toujours
       Et au lunaire
       Et dans le lunaire
       Et par le lunaire
       Et vers les Lunes, et partout, avec toujours
v. 16 Pour toutes perspectives
       Pour seules perspectives
       Pour toutes perspectives!....
v. 17 Non c'est pas seulement la chair,
       Oh! c'est pas seulement sa chair,
v. 18 Et ce n'est pas seulement l'âme,
       Et c'est pas seulement mon âme
v. 20 D'être un peu l'Homme avec la Femme.
       D'être enfin pour
       D'être en tout l'Homme avec la Femme!

Un autre quatrain figure sur le brouillon (en quatrième place) et sur un des deux autres manuscrits du poème (en dernière place). La dernière version en était :

Les yeux bandés, tout droit,
J'irai, tant je connais l'endroit
Aux senteurs de la flore énergique qui croît
Autour de Notre-Dame.

Ce quatrain, qui a été biffé sur les manuscrits où il figure, avait fait l'objet de remaniements, qui donnent quelques variantes :

v. 1 Tout droit, les yeux bandés
v. 3 Au parfum du
       Au parfum de la faune
       Au parfum de la flore énergique qui croît
       À l'odeur de la flore efficace qui croît
       À l'odeur de la flore infaillible qui croît
       À l'odeur de la flore officielle qui croît
v. 4 Au tournant de ses rives
       Au seuil de Notre-Dame.

Les premier et dernier quatrains de ce poème se retrouvent, modifiés, dans les vers 51-57 de *Dimanches* (*Derniers vers*, III) et dans *Pan et la Syrinx* (*Moralités légendaires*).

Page 89.   VI. RIGUEURS
                 À NULLE AUTRE PAREILLES

Publié pour la première fois dans *La Revue Indépendante*, avril 1888. Trois manuscrits à la Bibliothèque Jacques Doucet, dont un dans lequel ce poème a pour titre *Nature-morte* et s'accompagne d'une épigraphe tirée de Shakespeare :

> OPH. *'T is brief, my lord.*
> HAM. *As woman's love.*

Cette épigraphe a été biffée, mais l'auteur l'a reportée en tête d'un autre poème : *Aquarelle en cinq minutes*.

Page 90. VII. AQUARELLE EN CINQ MINUTES

Publié pour la première fois sous le titre *Aquarelle* dans *Le Décadent littéraire*, n° 23, 25 septembre 1886. Deux manuscrits, dont un brouillon, à la Bibliothèque Jacques Doucet. C'est le texte du brouillon qui a été publié dans *Le Décadent littéraire*. Il porte simplement en épigraphe : *'T is brief my lord*, et se compose des vers 1-10, 13-16, plus une strophe terminale de deux vers. Quand il supprima cette strophe finale, Laforgue eut d'abord l'intention de reporter les vers 9-10 à la fin du poème. Il y renonça après avoir ajouté à son texte les vers 11-12.

Variantes :

v.   3   Voici que l'on se hâte
v.   9   Oh ces ribambelles
         Et ces ribambelles
v. 11   O nature
         O la nature
v. 12   En déconfiture
v. 13   À ma fenêtre

Les deux vers par lesquels se terminait le poème dans sa première version sont :

>   Petit motif
>   Décoratif.

Retranchés, ils n'ont pas été abandonnés par l'auteur, qui, après corrections, en a fait les vers 142-143 du *Concile féerique*.

Page 91.   VIII. ROMANCE

Publié pour la première fois dans *La Vogue*, 2 mai 1886. Deux manuscrits à la Bibliothèque Jacques Doucet, dont un brouillon. C'est le texte du brouillon qui a été imprimé dans *La Vogue*, où ne figure pas l'épigraphe. Le brouillon en comporte pourtant une. Laforgue avait écrit d'abord : *Ham. Get the.* Il raya ces deux derniers mots pour leur substituer : *To a nunnery, go!* se référant à un passage d'*Hamlet* qui lui a également fourni les épigraphes de *Dimanches* (XXXIV), de *Petites misères d'automne* et de *Noire bise...* (*Derniers vers*, XII).

Variantes :

v.   2   Qui nichent tout au fond de ma pauvre âme
         Qui nichent au fond de ma belle âme
v.   3   Ils en emplissent les brèves salles
         Ils en emplissent les frêles salles
v.   7   Et volent en ronds fous, et se cognent
v.   8   À mes pâles lambris de famille.
v. 10   Quand ma fiancée ouvrira la porte
v. 13   Qu'elle dise : « Cette âme est un peu âcre
         Qu'elle dise : « Cette âme est trop âcre
         Qu'elle dise : « Cette âme est bien âcre

        Qu'elle dise : « Cette âme est trop forte
v. 15   « Mais j'emporte ce collier de nacre
v. 16   « Qui ne lui sert de rien, pauvre fille. »
        « Il ne lui sert de rien, pauvre fille. »
        « Pour qui le mettrait-elle, pauvre fille. »

Page 92.   IX. PETITES MISÈRES DE JUILLET

Trois manuscrits, dont un brouillon, à la Bibliothèque Jacques Doucet.

Variantes :

v. 5   Ah! fait-il beau Ce Soir! — « Ah! mourir! mais me tordre
        Dieu! fait-il beau Ce Soir! — « Ah! mourir! mais me tordre
        Va, fait-il beau ce soir! — « Ah! mourir, mais me tordre
v. 9   Et sous les ballets laiteux de la Voie Lactée
        Vers les ballets lactescents de la Voie Lactée
        Et vers les brasiers laiteux de la Voie Lactée
        Zéniths des laiteux brasiers de la Voie Lactée
        Vers les Zéniths des beaux brasiers des voies lactées
v. 10   Autrement beaux, ce soir, que des lois constatées!
        La voie lactée
        Qui parle d'autres
        Qui parle mieux ce soir que de lois constatées!
        Nul ne parle ce soir de vos lois constatées,
v. 12   Quels jubés de bonheur vous annoncent ces cieux
v. 13   De semis de pollens d'étoiles, si bénignes
v. 14   Qu'on dirait de mystiques pêcheurs à la ligne....
v. 16   Et demain n'est pas sûr! et je souffre aujourd'hui!
v. 17   Oh! pourrir! Vois, la Lune même (cette amie)
        Oh! pourrir! mais la Lune même (cette amie)
        Ah! pourrir! mais la Lune même (cette amie)
v. 19   Et voilà que, des clairières ont miaulé
        Et voici que, des clairières ont miaulé
v. 21   Mille touristes des beaux yeux aussitôt rôdent,
        Aussitôt mille touristes des beaux yeux rôdent,
v. 22   Tremblants, mais le cœur harnaché d'âpres méthodes!
        Tremblants, et le cœur harnaché d'âpres méthodes!
        Tremblants, et le cœur tout harnaché d'âpres méthodes!
v. 24   Qu'embeaument [*sic*] .de trois mois les fleurs d'abricotiers;
v. 26   Des bengalis promet de si frêles rechutes,
        Des fauvettes détient de si frêles rechutes,
        Des oiseaux bleus promet de si frêles rechutes,
        De l'oiseau blanc promet de si frêles rechutes
v. 27   (Oh! ces bengalis lunaires dont la chanson
        (Oh! ces lunaires oiseaux bleus dont la chanson
        (Oh! ces lunaires oiseaux blancs dont la chanson
v. 28   Lunaire, aux réveils, vous donnera le frisson!)

Lunaire, en sursaut, vous donnera le frisson!)
Lunaire, après
Lunaire, sur le seuil, vous donne le frisson!)

v. 29   Et d'autres des terrasses pâles où le triste
v. 30   Cor des paons réveillés fait que Plus Rien n'existe;.
        Cor des paons en sursaut fait que Plus Rien n'existe;
        Cor des paons réveillés fait que plus rien existe!
v. 36   Des boudoirs gris tendus de simples cuirs gauffrés [*sic*],
        Des bons hôtels tendus de simples cuirs gauffrés [*sic*],
v. 37   Lassent. — Ah! mais ailleurs! aux grandes routes,
v. 41   Et le corps panaché d'édénique opulence,
        Et le port panaché d'édénique opulence,
v. 42   Brûlent leurs vaisseaux mondains vers des Enfances!...
v. 43   Caresse-moi, dit-il, la muqueuse du cœur!....
        Il dit : Te caresser la muqueuse du cœur!....
        Il dit : Oh! te brûler la muqueuse du cœur!....
        Il dit « Oh! t'enchanter la muqueuse du cœur! »
        « Oh! t'enchanter là-bas la muqueuse du cœur! »
v. 44   Elle dit : « Je n'ai plus rien à perdre à cett' heur',
v. 47   Et la chair et la nuit font patte de velours....
v. 48   On dépèce d'abord de grands quartiers d'amour......
        Et dépècent d'abord de grands quartiers d'amour......
v. 49   Puis, la faim éblouie en gros, on se dévale
        Et puis les chars de foin pleins de bluets dévalent
v. 50   Vers les vallons des plus intimes saturnales.....
        Par les vallons des plus divines saturnales....
        Par les vallons des plus bleues équinoxiales...

Les vers 51-54 ont été ajoutés après coup à la première version du poème.

v. 51   La nuit
        Le ciel est balafré d'éclairs bleus de chaleur
        Le ciel est balafré d'éclairs de chaleur bleus
        Le ciel est balafré de bleuâtres éclairs
        Le ciel loin
        Les lointains
v. 52   Amaigris des ardeurs d'
        Le chèvre-feuille larm
        Oh! de l'air! attrapons-nous de tous nos nerfs
        De chaleur! attrapons-nous de tous nos nerfs
v. 53   Un peu d'lents glouglous!   O nuit!
        Les lèvres syrupeuses, oh!
        Entortillés autour des bouches syrupeuses,
v. 54   Bavant : Tout ça doit
        Bavant : Tout ça c'est des histoires de muqueuses.
v. 57   Hors des félicités noblement circonscrites.
v. 58   — Mais le Divin en nous confond si bien les rites!
v. 62   Nous rue à dénouer dès Janvier leurs ceintures!
v. 63   — Lors, si le spleen t'en dit, saccage universel!

            — Bien, si le spleen t'en dit, saccage universel

v. 64   Vos êtres ont un sexe et sont trop usuels!
v. 65   Saccagez! — Oh! saignons! tandis qu'elles exhalent
          Saccagez! — Oh! saignons! tandis qu'elles déballent
v. 67   Les vignes de nos nerfs bourgeonnent d'alcools noirs,
v. 68   Frères! ensanglantons la Terre, ce pressoir

Les vers 5-70 de ce poème sont devenus, après modifications, les vers 31-96 du *Concile féerique*.

Page 95.   X. ESTHÉTIQUE

Publié pour la première fois dans *La Revue Indépendante*, avril 1888, avec le premier vers pour titre. Trois manuscrits, dont un brouillon, intitulé *Armoiries*, à la Bibliothèque Jacques Doucet. Le titre *Esthétique* ne figure que sur le dernier des trois manuscrits.

Variantes :

v. 6   Des plus grands penseurs de cent époques.
v. 13   Ah! je sais bien que rien ne se dérange...
          Ah! je sais bien que Nul ne se dérange,
          Ah! sais bien que Nul ne se dérange,
          Ah! je sais que Nul ne se dérange,
v. 15   Mais moi noble et lent, ô Destinée!
          Mais je suis noble et lent, Destinée,
          Je ferai l'ange! ô ma Destinée,
v. 16   Ta nuit ne me va pas chiffonnée!
          Ta nuit ne m'irait pas chiffonnée!
          Ta nuit ne m'irait point chiffonnée!

Les vers 17-18 ne se trouvent pas dans le brouillon. L'auteur les a ajoutés après coup dans le second manuscrit de son poème.

v. 17   Va,
          À d'autres!
          Passe, et pitié pour ma jobardise
v. 18   Mais au moins, laisse que je te dise
v. 19   Mais écoute : quoi, sinon nos livres,
          Mais écoute bien. Ce sont nos livres,
          Sache-le du moins! Ce sont nos livres
          Sache au moins ceci : ce sont nos livres
          Sache au moins ceci : c'est dans nos livres
          Sache au moins ceci : c'est dans mes livres

```
        Sache au moins ceci : c'est de mes livres
        Va! mais sache du moins ça : nos livres, nos livres
        Va! mais sache du moins ça : nos livres, mes livres
        Ce sont nos livres, entends-tu! nos livres
        Nos livres, bon, entends-tu! nos livres
v. 20   Te fait ces beaux yeux fous de survivre
        Te fait ces beaux yeux fous du survivre
        Qui noient tes yeux fous de ce bleu survivre
        Qui trouent tes yeux fous de ce bleu survivre
        Qui te font ces yeux fous de survivre
        Que tes yeux glanent l'air de survivre
        Que tes yeux ont cet air de survivre
        Te font ces yeux fous de l'air de survivre
        Seuls te font cet
v. 21   Qui sur
        Qui vers ta matrice, un jour, déchaînent
        Qui vers ta matrice, alors, déchaîne
        Qui vers ta matrice, après, déchaîne
        Qui vers ta matrice, alors, déchaînent
v. 23   Non, non. Noble et lent, vais me remettre
        Je suis noble et lent, vais me remettre
        Oui, noble et lent, moi, vais me remettre
        Oui, noble et lent, et vais me remettre
        Mais noble et lent, moi. Vais remettre
        Adieu. Noble et lent. Vais remettre
```

Page 97.   XI. DIMANCHES

Publié pour la première fois dans *La Revue Indépendante*,
avril 1888. Trois manuscrits, dont un brouillon, à la Biblio-
thèque Jacques Doucet.

Variantes :

```
v.  1   Voilà; on est banni
v.  4   Dès ce seuil d'au-delà la chair tombe en syncope....
        C'est le seuil nuptial, va, chair, tombe en syncope....
v.  5   On est des citoyens
v.  7   De cette école à cancans la vénérable Europe;
        De cette école de cancans la vénérable Europe;
v.  8   Et l'on tourne, s'en tricotant des amours myopes...
v.  9   C'est des lois sans appel
v. 11   Et non un simple toit paternel, un beau dôme
v. 13   C'est fort beau comme fond
        Oui, fort beau comme fond
        Oh! fort beau comme fond
```

Le brouillon comporte en plus les vers suivants, séparés du quatrième quatrain par un petit trait, et biffés ensuite :

> Voilà, on est banni
> De l'Infini,
> On est des citoyens
> Bien quotidiens
> Sous ces lois sans appel
> Qu'est le

Le premier de ces vers disait d'abord :

> On est banni

Au cinquième vers de cette strophe inachevée, le mot *Sous* surcharge la préposition *De*.

Page 98. XII. DIMANCHES

Publié pour la première fois dans *La Revue Indépendante*, avril 1888. Trois manuscrits, dont un brouillon, à la Bibliothèque Jacques Doucet.

Variantes :

v. 1 O ce piano, ce piano
v. 4 Et qui s'entête sur ma tête !
       Comme il s'entête sur ma tête !
       Et se surpasse sur ma tête !
v. 6 Et des romances de concierge,
v. 11 Et rien à fair' non plus dedans,
       Oh ! rien à fair' non plus dedans,
v. 12 Oh ! rien à faire sur la Terre !
       Que rien à faire sur la Terre !
v. 14 Je sais que vous n'avez pas d'âme !
v. 15 Je donne pas dans le panneau
v. 16 De la nostalgie de vos gammes.
       De la tristesse de vos gammes.
v. 17 Tristes bouquets du Souvenir,
v. 18 Pauvres légendes décaties,
       Folles légendes décaties,
       Pauvres légendes décaties,
v. 19 Assez ! je vous vois bien venir
v. 20 Et ma verve est bientôt partie.
       Et mon âme est vite partie.
v. 21 Oui, il suffit d'un temps trop gris

Vrai, un dimanche, un ciel bien gris
Voilà, un dimanche en ciel gris

v. 24   Perdu m'attrape aux entrailles!
        M'étrangle et m'empoigne aux entrailles!
        M'étouffe et m'empoigne aux entrailles!
        Perdu, me prend par les entrailles....

v. 26   Marié, je tuerai la bouche

v. 28   Je pleurerai ces mots bien louches :
        Je lui dirai ces mots bien louches :

v. 29   « Mon cœur est trop, ah! trop central!
        « Mon cœur est trop, par trop central!

v. 30   « Et toi, tu n'es qu'un phénomène,
        « Tu n'es que brave chair humaine
        « Et toi, tu n'es qu'un phénomène....

v. 32   « Que je te fasse un peu de peine! »

Le brouillon comporte ce neuvième quatrain, que l'auteur n'a pas maintenu dans les manuscrits postérieurs :

Allons soyez un bon enfant
Ma petite âme trop multiple,
Voyez comme mon cœur se fend
À vous voir si fuyant disciple!

Ce quatrain avait reçu, lui aussi, des corrections. Il disait d'abord :

v. 1   Allons soyez meilleur enfant
v. 4   À vous voir si méchant disciple!
        À vous voir si vilain disciple!

Page 100.   XIII. AVANT-DERNIER MOT

Publié pour la première fois dans *La Revue Indépendante*, avril 1888, sous le titre *Flûte*. Trois manuscrits à la Bibliothèque Jacques Doucet, dont les deux premiers sont intitulés *Flûte* et ne comprennent que les quatrains en vers de deux pieds. Le troisième manuscrit avait d'abord pour titre *Dernier mot*.

Variantes :

v. 11   En vérité, mieux ma chair s'y pâme,
v. 12   Plus moi suis dehors.
        Moins on est d'accord.
        Moins j'en suis d'accord.

Publié pour la première fois dans *La Revue Indépendante*, avril 1888, sous le titre *Quiproquo*, que porte le brouillon de ce poème conservé à la Bibliothèque Jacques Doucet. Le titre définitif est celui qu'on trouve dans le manuscrit de la table des matières établie par Laforgue en vue de la publication des *Fleurs de bonne volonté*. Sur le brouillon, le second quatrain a été ajouté en marge.

Variantes :

v. 16   De Lindor
v. 21   Des fringales
v. 22   Séminales,
v. 24   Vont bêlant!
         Vont bêlants!

Mlle Aïssé, qui a laissé d'intéressantes lettres sur la brillante société du temps de la Régence, était une orpheline circassienne, venue à Paris vers 1697, à l'âge de quatre ans, avec le diplomate français qui l'avait adoptée. Jolie et spirituelle, elle fut très courtisée dès son adolescence et devint la maîtresse d'un gentilhomme, le chevalier d'Aydie, qui l'engrossa, mais ne l'épousa point. Elle mourut, âgée de quarante ans environ, en 1733.

Laforgue, dans son poème, exalte évidemment une Aïssé imaginaire, pour laquelle il brouille hardiment la chronologie, en lui prêtant le souci d'entendre les appels de Mondor, marchand forain de drogues et d'onguents dont la fanfare et les boniments attiraient les badauds parisiens sur la place Dauphine, au début du XVIIe siècle.

Publié pour la première fois dans *La Revue Indépendante*, avril 1888. Deux manuscrits, dont un brouillon, à la Bibliothèque Jacques Doucet.

Variantes :

v. 1   *Notre Père qui êtes aux cieux*, par là haut,
v. 2   — O Infini qui êtes si inconcevable! —

<pre>
v. 5   Dites ? nous tenez-vous pour des enfants au nid
         Dites ? nous tenez-vous pour de simples enfants
         Dites ? nous tenez-vous pour de gentils enfants
v. 8   *Sur cette terre comme au ciel*, à l'infini ?
         Sur cette terre comme au ciel? — C'est infini
         Sur cette terre comme au ciel? de l'air
v. 9   Alors *ne nous induisez pas*, par vos sourires
v. 11   Et laissez-nous en paix, sourds aux mondes meilleurs
</pre>

Dans le brouillon, le dernier vers est répété une fois de plus.

Page 105.   XVI. DIMANCHES

Publié d'abord dans la revue bruxelloise *L'Art moderne*, 9 octobre 1887, puis dans *La Revue Indépendante*, avril 1888. La Bibliothèque Jacques Doucet possède un brouillon de ce poème comportant un dixième et un onzième distiques :

> Oh qui nous dira le chagrin bien noir
> Cause de cet acte de désespoir ?
>
> O toi que j'eusse épousée, je t'assure !
> Quelle qu'eût été ta folle figure.

On trouvera plus bas les variantes de ces quatre vers numérotés 19-22.

Sur le brouillon figurait d'autre part, en épigraphe, une indication de lieu : *Coblentz*, que l'auteur a biffée pour lui substituer la citation de quelques lignes d'*Hamlet*.

Variantes :

<pre>
v. 7   Passe un pensionnat (ô pauvre tas de chairs!)
         Passe un pensionnat (ô pauvres douces chairs!)
v. 10   Fait, tout en gris, une pauvre figure.
         Fait, tout en gris, une bien pauv' figure.
v. 16   Allume ses feux. (Connu, le décor!)
v. 19   Oh! qui me dira ton histoire
         Oh qui nous dira quel chagrin bien noir
v. 20   Et la cause de cet acte de désespoir
         T'a poussée à cet acte' de désespoir
         Te porta à cet acte' de désespoir
         Poussée à ce funeste acte de désespoir
v. 21   O pauvre enfant sans manchon ni fourrures!
         Moi qui t'aurais épousée, je t'assure!
         À toi
</pre>

<pre>
                — Oh! jusqu'à la mort, pauvre figure
                — Oh! j'oublierai
v. 22   Moi qui t'aurais épousée, je t'assure!
         D'automne en gris sans manchon ni fourrure
         Quelle que fût ta pauvre figure.
         Oh! quelle que fût ta chère figure.
         Et quelle que fût ta chère figure...
</pre>

Page *107*.   XVII. CYTHÈRE

Publié pour la première fois dans *La Revue Indépendante*, avril 1888. La Bibliothèque Jacques Doucet conserve le brouillon de ce poème.

Variantes :

<pre>
v.   1   J'ai eu ce rêve dans ma sieste.
         Un rêve m'a pris dans ma sieste.
         Ce rêve m'a pris dans ma sieste.
         En quel lys a fleuri ma sieste ?
v.   2   Je me trouvai, ne sais comme, au bois sacré
         C'était (ah ne sais plus comme!) au bois sacré
v.   3   Où fleurir n'est pas un secret.
         Où fleurir n'est pas un grand secret.
v.   4   Déjà leurs chœurs fuyaient célestes!....
         Déjà maints chœurs fuyaient célestes!....
         Et l'on m'a fui comme la peste.
         Et tous m'ont fui comme la peste.
v.   5   J'ai dit : « Je n'ai pas l'âme leste! »
v.   6   Et leurs espiègles guirlandes m'ont chanté : « reste! »
         Ai-je dit et leurs guirlandes m'ont chanté : « reste! »
v.   7   Et la plus grande, oh! si noble! m'a expliqué
v. 12   Un jour ici ont débarqué....
v. 13   Oh! la nuit n'a pas de pelouses
v. 14   D'en velours plus absolu que ces frais vallons!
v. 16   Plus déjoueur des airs d'épouse!
v. 17   Et qui, vert douze mois sur douze,
         Et comme une vierge jalouse
v. 18   Dans ses accrocs plus éperdûment se recouse!....
v. 20   On vient comme ça va; des roses
v. 21   Les chairs; des floraisons les poses;
v. 22   Sans souci du tien et du mien;
v. 23   Et pour les classements en chrétiens et païens,
         Et quant au classement en chrétiens et païens,
v. 25   Ah! fleurs de vie en confidences,
v. 26   Mains oisives dans les toisons aux lourds midis,
         Mains oisives dans les toisons aux las midis,
v. 29   L'autre absorbé dans des essences,...
</pre>

v. 31 Réveil meurtri! je m'en irai je sais bien où;
v. 34 De vieux talons sans nul dégoût,
De coriaces cuirs sans dégoût,
v. 35 Et brait vers moi, me sachant aussi rosse et doux,
Et brait vers moi, me sachant rosse aussi et doux
Et brait vers moi pour que me sachant rosse et doux,
Et brait vers moi pour que, moi aussi rosse et doux,
v. 36 Que je déserre [*sic*] son licou.
Je lui desserre son licou.

Page 109. XVIII. DIMANCHES

Publié pour la première fois dans *La Revue Indépendante*, avril 1888. Trois manuscrits, dont un brouillon, à la Bibliothèque Jacques Doucet.

Variantes :

v. 1 Je m'ennuie, je m'ennuie,
Je m'ennuie, ma foi, je m'ennuie,
Je m'ennuie, repu, je m'ennuie,
Je m'ennuie, gavé, je m'ennuie,
Je m'ennuie, bavant, je m'ennuie,
Je m'ennuie, total, je m'ennuie,
v. 2 Sans cause appréciable,
Et sans cause appréciable,
Sans cause bien appréciable,
Ma foi, sans cause appréciable,
v. 3 Sauf bloqué par les boues, les dimanches, les pluies,
v. 4 Dans d'humides tabacs ne valant pas le diable....
Et
v. 5 Pauvre prêtre sans messes,
Ohé, maigre prêtre sans messes,
Oh! ce pauvre prêtre sans messes,
Ohé, là-bas le prêtre sans messes,
v. 6 Sans vagabonds d'hybride...
Avez-vous vu? mes hybrides...
Ohé, mes sens hybrides
v. 7 Et je me bats mon rappel! et
Et je bats mon rappel! et je piaule en détresse
v. 8 Devant mon moi tonneau d'Ixion des Danaïdes!....
Devant un moi tonneau d'Ixion des Danaïdes!....
v. 9 O libre! fleurir libre!
Libre! fleurir libre!
Oh me croire à peu près libre
Oh me sentir à peu près libre
v. 10 Brossé des bibliothèques,
Émondé de mes bibliothèques,

<pre>
              Échenillé des bibliothèques,
v. 11   Comme tous ces passants campés en équilibre,
         Comme ces bons passants campés en équilibre,
         Oh! ces virils passants cuvant en équilibre,
         Oh! ces virils passants posant en équilibre,
         Oh! ces passants poseurs cuvant en équilibre
v. 12   Madame l'Absolu, monsieur de l'Intrinsèque!
         Des cognacs d'Absolu, des flacons d'Intrinsèque!
         Des cognacs d'Absolu, des pâtés d'Intrinsèque!
v. 13   Que roulerais tranquille,
         Même, que roulerais tranquille,
v. 14   Si j'avais ma formule!
         Si je tenais bien ma formule!
</pre>

Le cinquième quatrain ne figure que sur le dernier des trois manuscrits. Le second manuscrit offre, en revanche, une strophe de trois vers ajoutée après coup :

<pre>
            Où est-elle en ce moment?
               Oh! si seulement
         Je m'étais conduit plus proprement!
</pre>

Page 110.   XIX. ALBUMS

Publié pour la première fois dans *La Revue Indépendante*, avril 1888. Deux manuscrits, dont un brouillon, à la Bibliothèque Jacques Doucet.

Variantes :

<pre>
v. 2   Et mon cœur a gémi : « Que voilà ma patrie! »
v. 5   Émigrer! m'y scalper de mon cerveau d'Europe,
v. 6   Courir, redevenir une vierge antilope,
v. 8   Du hasard et parlant l'argot californien!
v. 10   Chasseur, pêcheur, joueur, peu fort sur les Pandectes!
v. 18   À l'aventure, vers la folie des pépites!
v. 31   Ah! qu'ils sont fiers les feux de paille! qu'ils sont fous
         Ah! qu'ils sont beaux les feux de paille! qu'ils sont fous
v. 32   Les albums! et peu incassables, mes joujoux!
</pre>

On remarquera qu'au 27e vers de ce poème, Laforgue donne au mot *confort* l'orthographe qu'il a en anglais. Cette graphie, au siècle dernier, n'était pas exceptionnelle. Dans son tome IV, paru en 1869, le *Grand Dictionnaire universel* de Larousse mentionne les deux façons d'écrire ce mot et ajoute : « *Comfort*, qui est la vraie forme anglaise et qui se prononce *comeforte*, est plus usité par ceux qui se piquent de savoir l'anglais. »

Laforgue, qui pratiquait les poètes de langue anglaise dans leur texte original, semble avoir exprimé dans *Albums* une rêverie suscitée par la lecture des *Feuilles d'herbe* de Walt Whitman.

Page 112.   XX. CÉLIBAT, CÉLIBAT,
                TOUT N'EST QUE CÉLIBAT

Publié pour la première fois dans *La Revue Indépendante*, décembre 1888. La Bibliothèque Jacques Doucet possède un brouillon de ce poème, portant pour titre *Lits d'occasion*. Le titre définitif se trouve dans la table des matières laissée par l'auteur pour ses *Fleurs de bonne volonté.*

Variantes :

v. 4   Ah! suis-je donc un monomane
        Ne suis-je donc qu'un monomane
v. 12   Que crions-nous de tous nos airs? « À moi! je t'aime! »
v. 18   Dans des livres. Au lieu de se tendre la main!
v. 20   Selon son cœur, selon son corps,
v. 21   Trop tard, trop fous. Il y a des forts
v. 22   Et des faibles, et des louis d'or....
        Et le remue-ménage des louis d'or
        Remue-ménage des louis d'or
        Et la vendange des louis d'or
        Dans la vendange des louis d'or

Les vers de la première strophe se retrouvent, sous une forme un peu différente, dans les vers 47-50 du troisième poème des *Derniers vers*, intitulé *Dimanches.*

Page 114.   XXI. DIMANCHES

Publié pour la première fois dans *La Revue Indépendante*, avril 1888. Trois manuscrits, dont un brouillon, à la Bibliothèque Jacques Doucet.

Variantes :

v. 1 Je ne vois que des mois, des journées et des heures...
Je ne sens que des mois, des journées et des heures...
v. 2 Dès que j'ouvre l'œil, tout file en exil...
Dès que je dis oui, tout semble en exil....
Dès que je dis oui, tout tourne en exil.
Dès que je dis oui, tout feint d'être en exil.
v. 3 Je parle d'idéales demeures,
Je cause d'éternelles demeures,
Je cause d'amoureuses demeures,
v. 4 On me trouve par trop subtil!
v. 5 Oui ou non y a-t-il
v. 6 Autre chose que des mois, des journées et des heures ?
D'autres temps que les mois, les journées et les heures ?
D'autres buts que des mois, des journées et des heures ?....
v. 13 La Terre est une simple et touchante légende
Il répond que la Terre est [ ] amour de tête
Il dit que la Terre est [ ] amour de tête

Une tache d'encre couvre une partie de ces deux vers.

La Terre est une histoire de croquemitaine

Correction apportée après coup au troisième manuscrit, et que l'auteur a laissée en suspens, ne modifiant pas les vers qui auraient dû rimer avec croquemitaine.

v. 14 Narrée au Possible par l'Idéal....
Que serine au Possible l'Idéal....
v. 16 — Oui, un *sort*. Car c'est fatal.
v. 18 Le jeu de mots! mais triste, oh! triste, la Légende...
Le jeu de mots! mais fol, oh! fol l'amour de tête!
Le jeu de mots! mais fol, bien fol l'amour de tête!

Page 115.   XXII. LE BON APÔTRE

Deux manuscrits à la Bibliothèque Jacques Doucet, dont un brouillon sans titre.

Variantes :

v. 1 Nous avons beau baver les plus noires salives
Nous pouvons distiller les plus noires salives
Nous pouvons baver les plus exactes salives
Ah! nous pouvons émettre nos fortes salives

246

v.	2	Leurs yeux sont Beaux! et rêvent d'aumônes furtives!
		Leurs yeux sont Beaux! Ils rêvent d'aumônes furtives!
v.	3	O chères chairs, ciboires de bonheur! On peut
		O chers corps purs, ciboires de bonheur! On peut
		O tristes corps, Ciboires de bonheur! On peut
v.	6	— Eh bien travaillons à les ramener sur Terre!
		— Eh bien travaillons à les ramener à Terre!
v.	7	— Mais la chasteté n'est qu'en fleur de souvenir!
		— Ah! la chasteté n'est en fleur qu'au souvenir!
v.	10	Comment ne voit-on pas que c'est bien là, la Terre!
		Comment ne voit-on pas que c'est tout là, la Terre!
v.	12	Dont nous ne voyons pas le but et l'à-propos.
		Dont nous ne voyons pas le but ni l'à-propos.
		Dont nous n'avons pas à discuter l'à-propos.
		Dont on n'a même pas à chercher l'à-propos.
		Dont nous n'avons pas à discuter
		Dont nous n'avons pas à rechercher l'à-propos
		Dont nous n'avons même pas à chercher l'à-propos
		Dont nous n'avons même pas à voir l'à-propos.
		Dont nous n'avons pas même à savoir l'à-propos.
v.	13	Et il faut répéter ces choses, que
v.	15	Voyant que tout
v.	17	Et c'est aussi pourquoi, moi, au lieu de me taire,
		Et c'est bien dans ce sens, qu'au lieu, moi, de me taire,
		Et c'est bien dans ce but, moi, qu'au lieu de me taire,
		C'est aussi dans ce sens, moi, qu'au lieu de me taire,

Après modifications, et leur division en distiques étant supprimée, les seize premiers vers de ce poème sont devenus les vers 149-164 du *Concile féerique*.

Page 117. XXIII. PETITES MISÈRES D'OCTOBRE

Publié pour la première fois dans *La Revue Indépendante*, avril 1888. Deux manuscrits, dont un brouillon, à la Bibliothèque Jacques Doucet.

Variantes :

v.	1	Octobre m'a toujours noyé dans la détresse
		Octobre m'a toujours noyé dans les détresses
v.	2	Les usines fument, cent goulots vers le ciel
		Les usines fument, cent goulots vers les ciels
		Les usines fument, noirs goulots sur des ciels.
		Les usines fument, cent goulots vers des ciels!
v.	4	Pour la Noël.
v.	5	Oh! comme alors, tout bramant à des Atavismes,

        Oh! qu'alors, moi, tout bramant à des Atavismes,
v. 9   Les seins très-distingués se font toujours plus rares.
        Or les jeux distingués se font toujours plus rares.
        Car les jeux distingués se font toujours plus rares.
v. 10   Le légitime est tout. À qui faire la cour ?
v. 11   Oui, qui veut de mes Lares
        Là, qui veut de mes Lares
        À qui donner mes Lares
v. 13   Je ferai crier mes oraisons aux Premières Neiges
        Ah! ferai mes oraisons aux Premières Neiges
v. 14   Et je crierai au vent : « Et toi aussi, forçat! »
        Et crierai tout au vent : « Et toi aussi, forçat! »
v. 17   (Avec la neige tombe
        (Avec la neige pleure une miséricorde
v. 20   En languir.)
v. 21   Mais, vrai, écarteler son cerveau, jeu de dupe!
v. 22   Oh! rien
        Rien, partout, des saisons, de
v. 24   Et deux sous d'yeux.

La strophe composée des vers 21-24 a été ajoutée en marge du brouillon.

v. 25   Mais, ô Quelconque, un peu ta bouche en rose tiède!
v. 26   Et tes cils et ta peau et tout ce qui s'ensuit.
        Et tes cils et ta grâce et tout ce qui s'ensuit.

Page 119. XXIV. GARE AU BORD DE LA MER

Publié pour la première fois dans *La Revue Indépendante*, avril 1888. Deux manuscrits, dont un brouillon, à la Bibliothèque Jacques Doucet. Dans le brouillon, la mention de lieu, qui n'est pas datée, dit seulement : Korsör. A noter que la date du 1ᵉʳ janvier 1886 est également celle que porte le premier poème des *Fleurs de bonne volonté : Avertissement*. La même journée du 1ᵉʳ janvier 1886 est évoquée dans un article de Laforgue, *À propos de Hamlet*, paru dans *Le Symboliste*, nᵒ 3, 22 octobre 1886.

Variantes :

v. 5   Et ne pouvant broyer le *steamer*, les autans
        Puis ne pouvant broyer le *steamer*, les autans
v. 6   Cinglaient tous ses panaches de fumée en loques!
        Fouettaient tous nos panaches de fumée en loques!

v. 7 Et l'Homme remettait ses comptes à des temps
      Et l'Homme renvoyait ses comptes à des temps
v. 8 Plus calmes, et sifflait : « Cet Univers se moque !
      Plus clairs, et sifflotait : « Cet Univers se moque !
      Plus clairs, sifflait
      Plus clairs. Il sifflotait : « Cet Univers se moque,
v. 9 « Il raille ! et qu'il me dise, où l'on voit mon pareil !
      « Il raille ! Eh qu'il me dise où l'on voit mon pareil !
v. 10 « Allez, déroulez vos parades sidérales,
v. 11 « Messieurs ! Un jour viendra que l'Homme, fou d'éveil,
      « Messieurs ! Un temps viendra que l'Homme, fou d'éveil,
v. 12 « Fera pour les pays terre-à-terre ses malles ! »

Dans le brouillon, les vers qui viennent ensuite ne comportent pas de guillemets au début.

v. 14 Et bouges d'oripeaux ! Si c'était à refaire
v. 15 O madrépores, comme on ficherait le camp
v. 19 Sur les sanglots des tr
      Sur les sanglots des convois, et vont se hâter
v. 21 Un beau sourire, tel un triangle d'oiseaux
      Un fin sourire, tel un triangle d'oiseaux
      — Un fin sourire (tel un triangle d'oiseaux
v. 22 D'exil sur un ciel gris, passât-il sur mes heures,
      D'exil sur un ciel gris, peut passer sur mes heures,
      D'exil sur ce ciel gris) peut traverser mes heures ;
v. 24 « Ici-bas ! mais vide au plus tôt cette demeure. »

Le dernier quatrain ne figure pas dans le brouillon et se présente très raturé dans l'autre manuscrit.

v. 26 Et ce sont des gares
      Mais c'est la Gare ! et les uns chauffent pour les fêtes
      Mais c'est la Gare ! et il faut chauffer pour les fêtes
v. 27 Futures, et les autres pour les temps anciens !

Le dernier vers a été repris dans un autre poème (*Derniers vers*, III. *Dimanches*, v. 59).

Page 121. XXV. IMPOSSIBILITÉ DE L'INFINI
EN HOSTIES

Publié pour la première fois dans *La Revue Indépendante*, avril 1888. Deux manuscrits, dont un brouillon, à la Bibliothèque Jacques Doucet.

Variantes :

v. 6 Et j'ai appris
v. 12 Et perdu à ce jeu de pur
v. 19 En une petite hostie pour nos sales becs,

Page 122.   XXVI. BALLADE

Publié pour la première fois dans *La Revue Indépendante,*
avril 1888. Trois manuscrits, dont un brouillon, à la Biblio-
thèque Jacques Doucet. Le brouillon ne comportait d'abord
pas d'épigraphe. Celle-ci y a été ajoutée ultérieurement.

Variantes :

v. 4 *Moi* n'est au vrai qu'un polypier fatal.
v. 5 De mon cœur breton à ma chair védique,
v. 6 Comme de mes
        Comme de mon orteil à mes cheveux,
v. 11 Une société joliment mêlée
v. 12 Et qui n'a point passé par mes octrois.
v. 13 Une chair chastement staminifère,
        Et la chair bêtement staminifère,
        Une chair bonnement staminifère,
        Une chair dignement staminifère,
v. 14 Un cœur illusoirement pistillé,
        Et le cœur illusoirement pistillé,
v. 15 Sauf certains jours sans foi, ni loi, ni clé,
v. 16 Où je m'aperçois soudain du contraire.
        Où je constate que c'est le contraire.
v. 17 C'est bon. Allez. Mon fatal polypier
v. 20 Ses yeux gris, hélas! sont tous ses papiers...

Page 124. XXVII. PETITES MISÈRES D'HIVER

Publié pour la première fois dans *La Revue Indépendante,*
avril 1888. Deux manuscrits, dont un brouillon, à la Biblio-
thèque Jacques Doucet.

Variantes :

v. 1 Sous les libellules
v. 2 De crêpe des blancs baisers
        De crêpe blanc des baisers
        De crêpe si blanc des baisers
v. 5 Leurs seins, déjà ivres, ondulent
v. 7 Leurs yeux même enlisent

Et ces yeux enlisent
v. 10   Le Cygne du Saint-Graal, qui rame en avant,
        Le Cygne du Saint-Graal! Il rame en avant,
v. 16   Oh! des pôles plus loin que tout ce qu'on a lu!
        Et des pôles plus loin que tout ce qu'on a lu!
v. 18   Qu'il glisse, qu'il rame,
        Qu'il passe, qu'il rame,
v. 20   Il monte, séchant ses crachats
v. 22   Et n'en redescende qu'avec un plan de rachat
v. 24   Qui fait tant de peine...
        Qui est si lointaine.
        Qui est si vaine.

Page 126.   XXVIII. DIMANCHES

Deux manuscrits, dont un brouillon, à la Bibliothèque Jacques Doucet. Dans le brouillon, l'épigraphe présente de petites différences; l'indication scénique est :

(Il se met aux pieds d'Ophélie.)

et la seconde phrase d'Hamlet :

I mean, my head upon your lap ?

Au bas du brouillon figurent en outre les deux épigraphes suivantes, que l'auteur a rayées pour les placer, l'une en tête de *Fifre*, l'autre en tête de *Ballade* :

Oph.   You are keen, my lord, you are keen.
H.   It would cost you a groaming to take off my edge.
Oph.   Still better, and warse.
H.   So you must take your husbands.

Oph.   You are merry, my lord.
Ham.   Wo, I ?
Oph.   Ay my lord.
Ham.   O God! your only jig-maker. What should a man do, but be merry.

Variantes :

v. 1   Les lamantables cloches du dimanche
        Les nasillardes cloches du dimanche
v. 5   Et alors! ce que j'en avale des tranches!
        Qu'une du moins me la coupât en tranches

<pre>
        Qu'une du moins m'en app
        Qu'une du moins m'en pimentât
        Qu'une du moins fût là
        Qu'une du moins m'en escomptât
        Qu'une, du moins, m'en pimentât les tranches!....
        Et je regarde passer des tas de robes blanches
v. 8   Son corps se sent une âme rafraîchie
v. 10 À une tout autre race que le mien!
        À un
v. 13 Recommence! et ton cher cœur s'y ânonne
        Recommence! bon! Ton cœur s'y ânonne
        Recommence! encor! Ton cœur s'y ânonne
v. 14 En ritournelles infâmes
v. 15 Et ta chair, à laquelle j'ai droit! s'y pâme....
</pre>

Les trois dernières strophes de ce poème se retrouvent, remaniées, dans les vers 28-46 de la troisième pièce de *Derniers vers*, intitulée *Dimanches*.

Page 128. XXIX. LE BRAVE, BRAVE AUTOMNE!

Publié d'abord dans la revue bruxelloise *L'Art moderne*, 9 octobre 1887, puis, sous le titre *Dimanches*, dans *La Revue Indépendante*, avril 1888. La Bibliothèque Jacques Doucet possède un brouillon de ce poème, intitulé : *Dimanche, complainte*.

Variantes :

<pre>
v. 10 Oh! comme ma chair même
v. 11 Sa blancheur me protège
        Sa pâleur me protège
        C'est ell' qui me protège
v. 12 Contre tout ce que j'aime....
v. 13 Et je sais le pourquoi
        Et je sais le secret
        Et d'ailleurs je comprends
        C'est au sérieux qu'je prends
        Et je prends au sérieux
        Et alors je comprends
v. 14 Des ex[s]angues soleils
        Ces ex[s]angues soleils
v. 15 Ils sont ainsi exprès
        Qui ne sont si piteux
        Qui ne sont si souffrants
        Qui n'ont l'air si souffrant
</pre>

Ne prend cet air souffrant
N'apparaît si souffrant
Ne se fait si souffrant
v. 16   À titre de conseil....
v. 17   Et rien ne saurait faire
v. 18   Que mon cœur ne chemine
v. 19   Sous le spleen insulaire
Sous le Spleen si précaire
v. 23   Comme Tout à Pourquoi
v. 24   Et ce monde à « et puis ? »
Et ce monde aux Ennuis.

Nous n'avons pas rencontré ailleurs que chez Laforgue l'expression « se la passer bonne », employée dans le premier et le dernier quatrain de ce poème. Il est probable qu'elle est de l'invention de Laforgue, qui se sera inspiré de la formule populaire « se la couler douce ».

Page 130.   XXX. DIMANCHES

Trois manuscrits, dont un brouillon sans titre, à la Bibliothèque Jacques Doucet.

Variantes :

v. 4   O chute des mortes Antigones,
v. 5   Ça tombe, ça foisonne
Vrai, ça foisonne
Oh! ça foisonne
v. 6   Mon fossoyeur les remue à la pelle...
v. 7   Mais je me tourne vers la mer, les éléments,
Mais je me tourne vers la mer, les Éléments,
Mais je me tourne vers la Mer, les Éléments,
v. 8   Tout ce qui s'entretient par de noirs grognements!
Et tout ce qui n'a plus que de noirs grognements!

Les vers 9-10 ne figurent ni dans le brouillon, ni dans le premier des deux autres manuscrits.

v. 11   O Mariage, ô dansante bouée,
v. 12   Peinte d'azur, de blanc, de rose,
v. 14   Ne sera jamais renflouée
Ah! ne sera jamais renflouée
v. 16   Des vents, des pluies, des nuées....
Des coups de vent, des pluies, des nuées....
v. 17   On allait à la voile, avec des airs de

> On allait à la voile, avec des airs fiancés....
> On ramait, dans le golfe avec des airs fiancés....
> On ramait, aux soirs d'août, avec des airs fiancés....

Les vers 19-20 ne figurent ni dans le brouillon, ni dans le premier des deux autres manuscrits.

En tête du brouillon, l'auteur a biffé une première version du début de ce poème. Elle disait :

> C'est l'automne, l'automne, l'automne !
> Pâles rideaux, clôture annuelle,
> Le cimetière est plein d'Antigones
> Si plein qu'on les remue à la pelle.

Ces quatre vers comportaient eux-mêmes des variantes :

v. 1 L'automne, l'automne, l'automne !
v. 2 Les rideaux de
v. 4 Pâles, on les remue à la pelle.

Des fragments de ce poème se retrouvent, modifiés, dans *Dimanches* (*Derniers vers*, III, vers 4-7) et dans *Dimanches* (*Derniers vers*, IV, vers 1-7 et 26-27).

Page 131. XXXI. PETITES MISÈRES D'AOÛT

Deux manuscrits à la Bibliothèque Jacques Doucet, dont un brouillon intitulé *Grosses misères d'août*.

Variantes :

v. 6 O Loi du rythme universel
v. 9 Devant la r
       Devant la barre sans appel.
       Aux infinis galas du ciel !

Les vers 6-9 et 13-16 ne figuraient pas dans le premier texte du brouillon, où ils ont été ajoutés ensuite.

v. 13 La terre est ronde
v. 15 C'est du bien pauv' monde
v. 19 Ah ! quand nos cœurs iront-ils dans des huit ressorts ?...
v. 23 Je finirai par y prendre froid.
v. 24 O la terre,

v. 27   Soit, pas choisi
          Oui, pas choisi
v. 31   Oh! oui la Terre est bien bonne!
          C'est vrai la Terre est bien bonne!
          C'est juste la Terre est bien bonne!
          Tiens, la Terre, elle est bien bonne!
v. 32   Et désormais je m'y cramponne
v. 33   De tous mes instincts d'autochtone!

Après remaniements, ce poème a fourni le début et la fin du *Concile féerique*.

Page 133.   XXXII. SOIRS DE FÊTE

Publié pour la première fois dans *La Vogue*, 2 mai 1886, sous le titre *Soirs de fêtes*. Le brouillon de ce poème et la table des matières établie par l'auteur pour *Des Fleurs de bonne volonté*, — manuscrits conservés à la Bibliothèque Jacques Doucet, — disent tous deux : *Soirs de fête*.

Variantes :

v. 2   Qui arrive plus
v. 9   Ah! c'est comm' ça, adorables femmes!
v. 11   (Si frêle) aux mouettes, vers les lames,
v. 13   Mais vois, j'attends sous une arche noire;
          Et puis, j'attends sous une arche noire;
          J'attends pourtant sous une arche noire....
v. 15   Et je maudis la nuit et la gloire,
          Et moi je maudis la nuit, la gloire,
v. 16   Et tout ce qui fait qu'on me dédaigne!
          Et mon cœur qui veut qu'on me dédaigne!

Page 134.   XXXIII. FIFRE

Deux manuscrits à la Bibliothèque Jacques Doucet, dont un brouillon intitulé *Guitare*, auquel l'épigraphe a été ajoutée ultérieurement.

Variantes :

v. 8   — « O petite âme brave,
           Oh petite âme brave
v. 9   « O chair fière et droite,
           « Oh! va, chair fière et droite,

```
v. 11        « D'être ton esclave ! »
v. 15-18     Tes yeux demandent grâce,
             Accepte, je te prie,
             Au moins la dédicace
             De ma vague vie ?...
v. 19        Tu me dis avoir
             Tu me chantes avoir
v. 21        Et moi donc ! viens voir....
             Et moi donc ! tu vas voir....
```

Page 136.   XXXIV. DIMANCHES

Publié pour la première fois dans *La Revue Indépendante*, avril 1888. Deux manuscrits, dont un brouillon, à la Bibliothèque Jacques Doucet. Le brouillon porte en sous-titre : *Ritournelles qui se valent entre elles*. La dernière phrase de l'épigraphe sert également d'épigraphe à *Romance* (*Des Fleurs de bonne volonté*, VIII).

Variantes :

```
v.  4        Ça me rappelle l'hy
v.  5        Où cet air cinglait un pauvre homme
             Où cet air menait un pauvre homme
             Où cet air suivait un pauvre homme
v.  8        Mais en son masque de chlorose
             Mais en ce masque de chlorose
v.  9        Son trèfle noir manquait de nez
             Le trèfle noir manquait de nez
             Quel trèfle noir manquant de nez
v. 11        Mais la valse
v. 12        Où se font les enfants morts-nés.
v. 14        Vous dit les Rolands, les dentelles
v. 16        — Ah ! te pousser par les épaules
v. 18        De soleils morts pour reposoir.
             De soleils morts en reposoir.
             Où je possède un abattoir.
v. 20        Là, je te demanderai compte
v. 21        De ce corset moulant
             De ce corset tendant les seins
v. 29        De femme allégée de ses couches
             De femme relevant
             De fille allégée de ses couches
v. 31        Et l'on vivrait bien autochtones
             Oh ! l'on vivrait bien autochtone
v. 32        Sur cette terre où nous cantonne
v. 33        Notre être terrestre et tel quel !
```

v. 34	Sans
v. 37	Et sans soupirer, grêle, aux heures
	Et sans plus soupirer aux heures
v. 38	De réveil
	D'impuissance, vers des demeures
	De grabat sec, vers des demeures
	De jachère, vers ces demeures
v. 39	Rimant avec nos cœurs d'élus
	Rimant aux revers superflus
	Correspondant au mot élu
	Correspondant au nom d'Élu,
	Dont nous [nous] disons les élus,
v. 40	Oh! je le répète, autochtones
	Oh! que je vous dis! autochtones!
	Oh! oui je vous dis! autochtones!
v. 41	Car çette p
	Car cette chère
	Car la vie à terre est si bonne
	Oh! la vie à terre est si bonne
	Tant la vie à terre est si bonne

La fin de ce poème se retrouve, remaniée, dans les derniers vers de *Petites misères d'août* et du *Concile féerique*.

L'Hippodrome, auquel le 4ᵉ vers fait allusion, était situé place de l'Alma et s'étendait de l'avenue Marceau à l'avenue de l'Alma (aujourd'hui avenue George V). Il pouvait accueillir dix mille spectateurs. Ouvert vers 1873, il offrit durant un quart de siècle environ le spectacle habituel des cirques : exercices équestres, acrobaties, dressage de fauves, clowneries, etc.

Page 138.   XXXV. L'AURORE-PROMISE

Deux manuscrits, dont un brouillon, à la Bibliothèque Jacques Doucet. Le brouillon a pour titre : *Espoir d'aurore* et porte en épigraphe :

POLONIUS (aside) : Though this be madness, yet there is method in't

épigraphe que l'on retrouve en tête d'un autre poème : *Maniaque* (*Des Fleurs de bonne volonté*, IV).

Le manuscrit intitulé *L'Aurore-Promise* est incomplet. Il ne contient que les vingt-quatre premiers vers.

Variantes :

v. 5 Oh! que les ciels sont loins [*sic*], et tout! rien ne prévaut
v. 6 Contre cet infini! Il
v. 7 Oui, tout est sans limites!
　　　Vois, tout est sans limites!
　　　Et vois, c'est sans limites!
　　　Et puis, c'est sans limites!
　　　Et vois, c'est sans limites!....
v. 10 Vers la lune accoudée ?
v. 12 Et qu'aussi bien que nous existe un au-delà ?
　　　Et que comme nos chairs existe un au-delà ?
　　　Et qu'autant que nos chairs existe un au-delà ?
v. 23 Nulle poigne sur lui; il a tout sur le dos;
v. 24 Il est seul; l'infini ne lui rend pas d'échos.
　　　Il est seul; l'infini lui est sourd comme un pot.
　　　Il est seul; l'Infini n'a pas encor dit mot.
v. 30 Il supportait ainsi tant bien que mal son sort,
v. 35 Et le Déva lointain, Bon Cœur de l'Infini
v. 36 Est là pour que ton lit nuptial soit béni!
v. 41 Tous ces autels bâtis de nos terreurs des cieux
v. 44 En mourra
v. 47 Ouvre-nous ton Sexe! et, bientôt, l'au-delà
　　　Ouvre-nous ton Sexe! et, dès lors, l'Au-delà
v. 48 Sera nul! Ouvre, dis? tu nous le
　　　Sera nul! Ouvre, dis? tu nous dois bien cela?...

Le quatrain que constituent les vers 25-28 se retrouve sous la forme suivante dans un article de Laforgue intitulé *Bobo* et paru dans *Le Symboliste*, n° 2, 15 octobre 1886 :

(O femme de la terre
Tu as ton dieu dans ta couche
Mais lui a dû s'en faire
Et si loin de sa bouche!)

Les vers 41-42 sont à rapprocher du passage d'un article de Laforgue, *À propos de Hamlet*, paru dans *Le Symboliste*, n° 3, 22 octobre 1886, où on lit :

« De ces autels bâtis de nos terreurs du ciel étoilé et de la mort, elle a fait un ineffable comptoir où d'abord elle nous marchande ses beaux yeux, et ensuite nous fait passer, pour lui signer entretien et fidélité, dans l'étourdissement d'allégresse des orgues. »

Publié pour la première fois dans *La Revue Indépendante*, avril 1888. Deux manuscrits, dont un brouillon sans titre, à la Bibliothèque Jacques Doucet.

Variantes :

v. 4 — Oh! qu'ils sont beaux, les trains manqués!

Le vers 5 ne figure pas dans le brouillon.

v. 7 C'est un répertoire au cercueil
Oh! répertoire en un cercueil
Oh! répertoire en ce cercueil
v. 9 — Oh! les sottes échauffourées!
Quel   d'échauffourées
Que vieilles, vos

Le vers 10 ne figure pas dans le brouillon.

v. 11 Mais ce n'est pas fini; mon Sort est encor vert;
Tout n'est pas dit encore et mon Sort est très vert;
v. 14 Oh! qu'ils sont *là* vos braves airs!

Le vers 15 ne figure pas dans le brouillon.

v. 16 Une cependant, je me rappelle,

Le vers 20 ne figure pas dans le brouillon.

v. 21 Elle semblait me trouver intéressant
v. 22 Tu verras comme son rêve est intéressant
Sans compter que l'on te trouve intéressant
Sans compter qu'elle te trouve intéressant
Non!
Et m'insinuait : elle te trouve intéressant
v. 23 Ah! que n'ai-je prêté l'oreille à ses accents
Ah! soyons prêts à toute éventualité

La première strophe se retrouve, sous une autre forme, dans le poème X des *Derniers vers* (v. 46-50).

Publié pour la première fois dans *La Revue Indépendante*, avril 1888, sous le titre *L'existence qu'elles me font mener*, lequel est effectivement celui que porte le manuscrit de ce poème, à l'état de brouillon, conservé à la Bibliothèque Jacques Doucet, et dans lequel les mots *L'existence* surchargent les mots *La vie*. Nous avons cependant maintenu le premier titre, qui est celui qu'indique le manuscrit de la table des matières dressée par l'auteur pour *Des Fleurs de bonne volonté*.

Variantes :

v. 1 Passez, despotiques Vénus
v. 4 Passez, Circées
v. 5 Aux yeux en grand violet comme des pensées!
v. 6 Adieu, binious
v. 11 Passez, parcs clos, bien que l'Amour
v. 14 Des jamais franches
        O jamais franches
v. 15 À celles dont le cœ
        À celles dont les sens ont le poing sur la hanche!
        À celles dont la vie a le poing sur la hanche!
        Et vous dont le destin a le poing sur la hanche,
v. 16 Elle s'éteint
        Et tu t'éteins
v. 17 La Rosace du Temple, à voir, dans le satin,
        Dis, Rosace du Temple, à voir, dans le satin,
v. 18 Ces sexes livrés à la grosse
        Vos sexes livrés à la grosse
v. 21 O Rosace! leurs charmants yeux
        Oui, Rosace! leurs charmants yeux
        Oh! Rosace! leurs charmants yeux
v. 22 Sont de vains cadrans d'émail bleu
v. 25 De ton Soleil des Basiliques Virginales!
v. 31 Tu veux pas être fraternel?
v. 32 C'est bon, je te prendrai tel quel,
v. 35 Me chaud
v. 38 Voir un égal en sexe
        Voir un égal de sexe en l'homme
v. 40 Faite pour lui trouver des sommes
        Faite pour remuer des sommes!
v. 41 Vais-je donc prendre un air géant,
        Vais-je alors prendre un air géant,
v. 50 Et je garule! et je garule!

Mécontent d'avoir employé le verbe *faire* au vers 37 et

au vers 40, Laforgue, sur son brouillon, a souligné le *ferait* du vers 37 et noté, en marge du vers 40 :

> ferait
> faite

puis a modifié le vers 40.

En dépit de ces corrections, peu satisfait de son poème, il a écrit, dans l'angle supérieur gauche de son manuscrit : « terriblement lourd », et a remanié complètement son texte pour en faire la pièce des *Derniers vers* intitulée *Pétition*.

Ajoutons que les vers 11-13 se retrouvent dans *Moralités légendaires (Hamlet)*, où on lit :

> « Oh! cloître-toi! L'amour, l'amour
> S'échange, par le temps qui court,
> Simple et sans foi comme un bonjour. »

Une remarque encore : Laforgue accordait peu d'attention à l'orthographe, et nous avons dû, en plusieurs endroits des *Complaintes* et de *L'Imitation de Notre-Dame la Lune*, corriger des fautes grossières qui lui avaient échappé en relisant son texte sur épreuves. Nous avons cependant respecté ses fantaisies orthographiques chaque fois qu'elles nous semblaient voulues. A la fin de *La vie qu'elles me font mener*, le manuscrit autographe du poète dit bien :

> Et j'en garule! et j'en garule!

Logiquement il eût fallu deux *r* au verbe garruler, mais comme ce verbe, à notre connaissance, n'a été employé que par Laforgue, nous n'avons pas cru devoir l'imprimer autrement qu'il ne l'avait écrit. Il s'agit évidemment d'un terme calqué sur le nom latin du geai : *garrulus*. Le geai a un cri rauque et désagréable et, quand un geai se fait entendre, ses congénères l'imitent. On a parfois appelé garrulité un bavardage assourdissant.

Page 145.   XXXVIII. DIMANCHES

Publié pour la première fois dans *La Revue Indépendante*,

avril 1888. Deux manuscrits, dont un brouillon, à la Bibliothèque Jacques Doucet.

Variantes :

v. 2	Mais ces pianos qui ritournellent jamais las!...
v. 3	Oh! du moins leur expliquer mon apostolat,
v. 10	Oh! pardon, m'sieu! mais j'en aime un autre, et suis sa cousine. »
v. 12	Et même malheureux de ne pas être Ailleurs!
v. 16	Une qui me parlait
v. 21	Que nos corps sont plantés d'absurdes saturnales
	Que notre être est semé d'absurdes saturnales
	Nos
	Notre être et ses levains d'absurdes saturnales,
v. 24-27	Une, ma foi, qui désirât
	En finir tout d'un coup par une fin finale
	Mais absolument nuptiale
	Et s'en aller dans de beaux draps.

Dans le brouillon, les quatre vers ci-dessus terminaient le poème; dans le second manuscrit quatre autres vers, qui constituaient l'avant-dernière strophe et que l'auteur a biffés, disaient :

> Une, à la fin, qui désirât
> En finir tout d'un coup par une fin finale
> Mais absolument nuptiale,
> Puis, s'en aller dans de beaux draps.....

Page 147. XXXIX. PETITES MISÈRES DE MAI

Publié pour la première fois dans *La Revue Indépendante*, avril 1888, sous le titre de *Petites misères*, qui est celui d'un brouillon du poème conservé à la Bibliothèque Jacques Doucet, où se trouve également un autre manuscrit de la même pièce.

Variantes :

v. 2	De Bénarès!
v. 8	Des grands martyres!
v. 9-14	Nous louerons Dieu
	En temps et lieu,
	Et la Nature
	Hors des clôtures

Chantons Nenni
À l'Infini!...

Page 149. XL. PETITES MISÈRES D'AUTOMNE

Publié pour la première fois dans *La Revue Indépendante*, avril 1888. Un manuscrit de ce poème, à l'état de brouillon, à la Bibliothèque Jacques Doucet.

La citation d'*Hamlet* placée en tête a également fourni l'épigraphe d'une des pièces de *Derniers vers (Noire bise, averse glapissante...)*.

Variantes :

v. 1 Je me souviens, éphémère bal blanc !
      Je me souviens, ô rêvé ce bal blanc ?
v. 5 Mais plus brûlants que bleu.
v. 6 Et vrai, je n'avais rien d'un en vedette,
      Et vrai, croyez-moi
      Et vrai, oh ! mon dieu
v. 11 Oui, tout un soir ces grands yeux envahis
v. 13 Puis, partis, l'air à jamais vagabond !
v. 15 J'ai quitté le pays.
v. 16 Chez nous, dès qu'on flaire du sublime,
v. 17 Faut battre en retraite. C'est sans issue.
      Battre
v. 18 Toi, pauvre, plutôt que te voir déçue
      Toi, pauvre, et te voyant
v. 19 Par ce cœur cru, sans raison et sans rime,
      Par ce cœur (qui eût vomi ton estime)
      Par ce cœur (Il crache sur ton estime)
      Par ce cœur (qui plaint d'ailleurs ton estime)
v. 21 En victime vers un sexe des nuits !
v. 24 Et je dormis. À l'aube je m'enfuis...
v. 25 J'en souris aujourd'hui.
      Mais qu'en ai-je aujourd'hui ?
      C'est égal aujourd'hui.

Page 151. XLI. SANCTA SIMPLICITAS

Deux manuscrits, dont un brouillon sans titre, à la Bibliothèque Jacques Doucet.

Variantes :

v. 4   Pour ou contre les parfums de famille.
           Contre ou pour les parfums de famille.
v. 5   Pas mon chez moi, non plus, ces précaires liaisons
v. 6   Où l'on s'aime en comptant par saisons;
           Où l'on s'aime en comptant les saisons;
v. 8   Il est sûr de demain dans son art.
           Il est sûr de demain pour son art.
v. 9   Il a le temps auquel
v. 12   Puis, autant en finir tout de suite!...
           Et, autant en finir tout de suite!...
           Même, autant en finir tout de suite!...
v. 16   « C'est dit! et maintenant à deux! »
           « Merci! et maintenant à deux! »
v. 20   À nous nos vies! Voici notre île.
           À nous nos vies! et voici notre île.

Page 152.   XLII. ESTHÉTIQUE

Trois manuscrits, dont un brouillon, à la Bibliothèque Jacques Doucet. Le brouillon et le premier des deux autres manuscrits ont pour titre : *Esthetic*. Sur le brouillon, *Esthetic* a été substitué à un premier titre : *Le vrai*.

Variantes :

v. 1   Les femmes, les jeunes filles
           La Femme, femme ou jeunes filles
           La Femme, mûre, ou jeunes filles....
v. 2   J'en ai vu de toutes sortes —
           J'en ai connu de toutes sortes —
           J'en ai frôlé de toutes sortes
v. 3   De faciles, de difficiles...
           Des faciles et des difficiles,
v. 4   Et voici ce que je rapporte...
           Et voici ce que j'en rapporte :
v. 6   Des airs fiers ou seuls selon l'heure
v. 7   Sur qui nul homme n'a de prise
           Et nul cœur sur elles
           Nul cœur sur elles n'a de prise
v. 8   Et nous passons! elle demeure.
           Car nous passons, Elle demeure.

Dans le brouillon, le troisième quatrain est celui que la version finale du poème met en quatrième place, vers 13-16.

Le quatrain des vers 9-12, qui, dans le brouillon, termine le poème, ne figure pas dans le premier des deux autres manuscrits.

v. 9   Rien ne les prend rien ne les fâche,
v. 11   Qu'on le leur chante, leur rabâche
       Qu'on le leur chante, et leur rabâche
v. 12   Qu'on le leur prouve
       Dans des extases
       Et qu'on s'y vautre comme telles...
       Et qu'on en
v. 13   Sans sourcils [*sic*] de serments, de bagues
       Sans soucis des serments, des bagues
v. 14   Baisons le peu qu'elle nous donne

Le vers ci-dessus, sur le brouillon, était d'abord le premier du quatrain.

       Suçons le peu qu'elle nous donne,
v. 16   Comme leurs grands yeux monotones.....
       Car leurs grands yeux sont monotones......
       Leurs yeux sont loin et monotones.....
v. 17   Laissons venir, laissons-nous faire...
       Aimons sans drames ni
       Aimons sans calculs et sans drames
       Cueillons sans calculs et sans drames

Légèrement modifiés, et après suppression de leur division en quatrains, ces vers sont devenus les vers 97-116 du *Concile féerique*.

Au verso du brouillon d'*Esthetic*, figurent ces notes de l'auteur :

	Deux poèmes	
	l'Île (compléter)	et l'Idole
		ou le boudha définitif
suresthétique	Tolstoïcien.	
suprapudique	Dans les genoux de la Rédemption	
archicéleste	la Foi dans une Essence, une Bouche!	nous pouvons
supersolitaire	la Foi dans une reconnaissance de l'Infini.	mourir
dé... s'exisoler...	Essuyer les larmes d'or du Firmament	on se souviendra!
exh...	Alleluia.	
sub... sous		

Publié pour la première fois dans *La Revue Indépendante*, décembre 1888. La Bibliothèque Jacques Doucet possède un brouillon de ce poème, un second manuscrit ne comportant que les vingt-neuf premiers vers et une épreuve d'imprimerie de la complainte finale. Cette complainte, qui aurait dû paraître d'abord dans *La Vogue*, n'y fut pas insérée, mais Laforgue conserva parmi ses manuscrits l'épreuve qui lui avait été envoyée par la revue.

Variantes :

v.	1	C'est l'Île; Éden entouré d'eau de tous côtés.
		C'est l'Île; l'île entourée d'eau de tous côtés
v.	3	Sur les mers à l'aube; on fait sécher nos cavales;
v.	4	Des veuves de Titans délacent nos sandales,
v.	8	Ces brouillards lents plongeaient mes sujets dans la peine,
v.	11	Non, ce n'est pas cela mon île, ma douce île....
v.	18	Je fleuris, lys doux de la zone des linceuls...
v.	19	Avec ma mie! ma mie a deux yeux diaphanes
v.	22	Que sa bouche; — arrangez ça comme vous pourrez.
v.	26	Pour que mon morne front y soit toujours au frais,
v.	28	Bref c'est, au bas mot, une personne accomplie.

Dans le brouillon, pas d'intervalle entre les vers 28 et 29.

v.	33	Et c'est l'Île. Et voilà à quel Eldorado
v.	36	Chantent aux échos blancs la si vieille complainte :
		Chantent aux échos blancs la si frêle complainte :

LE VAISSEAU FANTÔME

v.	3	Sous prétexte (oh! vilain vampire!)
		Sous prétexte (oh! le vieux vampire!)
v.	6	Les vivres venant à manquer
v.	8	De vous je n'suis pas dégoûté...
		Mes fils m'ont jamais dégoûté.
v.	10	Mais c'était pur' formalité
		Mais nul de
		Mais nul ne devait échapper
		Mais tous y passèr'nt mêmement
v.	11	Deux jours après
		Car ce père n'avait d'entrailles
		Car ce père il n'avait d'entrailles
v.	12	Que pour leur donner à souper.
		Qu' pour calmer leur tiraillement.

v. 13	C'est ainsi que sur ce navire	
	C'est ainsi que plein de misère	
	C'est ainsi qu' pâle et légendaire	
v. 14	Ugolin mangea ses enfants,	
	Ugolin croqua ses enfants,	
v. 15	En	
v. 16	Quand il y song' mon cœur se fend!	
v. 19	Moi j'ai du cœur par'ssus la tête,	
v. 20	Et plein l'dos de vos airs moqueurs	
	Dans ce siècle plein de blagueurs	
	Et ne rencontre qu'airs moqueurs.	

Ce n'est évidemment pas sans malice que Laforgue a donné le titre d'un opéra de Wagner aux couplets qu'il a calqués sur une ritournelle enfantine.

En marge du vers 5, le brouillon de *L'Île* porte le mot : *vertes*, apparemment destiné à une correction que le poète n'a pas faite.

Page 156.   XLIV. DIMANCHES

Publié pour la première fois dans *La Revue Indépendante*, avril 1888. Trois manuscrits, dont un brouillon, à la Bibliothèque Jacques Doucet. Le brouillon n'a pas de titre ni d'épigraphe. Le premier des deux autres manuscrits ne porte pas d'épigraphe.

Variantes :

v. 1	J'erre, épris du fond du sang, d'une hostie	
	J'erre, épris, et du fond de mon sang, d'une hostie...	
	J'aime! et de toute ma misère! une albe hostie	
	J'aime! oh! de toute ma misère! une albe hostie	
	J'aime, oh! de toute ma misère! cette hostie	
	J'aimais, oh! de toute ma misère! une hostie	
v. 2	En fine et rougissante chair	
	En fine et toute	
	Une hostie en fine et si rougissante chair,	
	Féminine en fine et si rougissante chair	
v. 3	Qui va, naï	
	Qui va, fièrement sertie	
	Et qui s'en va	
	Et qu'on voit le matin, altièrement sertie	
	Qu'on voit, par tous les temps, altièrement sertie	
	Qu'on voit, aux jours déserts, altièrement sertie	

	Qu'on voit, aux jours de spleen, altièrement sertie
v. 4	Dans une toilette d'hiver
	En une toilette qui devance l'hiver
	En une toilette qui annonce l'hiver
	En de rigides toilettes sentant l'hiver,
	En de rigides et grises
	En de cendreuses toilettes déjà d'hiver,
v. 5	Errer le long des cris sauvages de la mer.....
	Errer le long des cris sublimes de la mer.....
	Errer le long des cris surhumains de la mer.....
	Se fuir le long des cris antiques de la mer!
v. 6	O yeux dégustateurs, retours d'une curée!
	O yeux dégustateurs, retour de la curée!
	O yeux dégustateurs et retour de curées,
v. 7	Bouche à jamais cloîtrée!
	Et bouche à jamais cloîtrée!
	Bouche exsangue à jamais cloîtrée!
	Bouche éxsange [*sic*] à jamais cloîtrée!
	Et bouche à jamais cloîtrée!
v. 10	Mon Dieu! comment votre esprit éclairé,
	Mais si chère! comment votre esprit éclairé,
	— Mais, pauvre amie, comment votre esprit éclairé,
	— Mais, noble amie, comment votre esprit éclairé,
v. 11	Par le stylet d'acier de vos regards bleuâtres
	Et le stylet d'acier de vos regards bleuâtres
v. 13	De cet économique et passager bellâtre!
	Économique d'un aussi crû bellâtre!

Dans le brouillon et le premier des deux autres manuscrits, les vers 15 et 16 viennent à la fin du poème.

v. 15	Et l'orchestre en son kiosque at
	Et puis l'orchestre attaqua
	Enfin, l'orchestre attaqua
	Et l'orchestre attaqua
	Hélas! l'orchestre attaqua
	Alors l'orchestre attaqua
	Oh! quand l'orchestre attaqua
v. 16	Une dernière polka....
	Cette dernière polka!
v. 17	C'est l'automne, l'automne

La strophe que constituent les vers 21-24 ne figure pas dans le brouillon. Dans le premier des deux autres manuscrits, elle s'intercale juste avant le distique final.

v. 21-22	Caillots de souvenirs
	Yeux en verroteries!

v. 21-22	Caillots de souvenirs!
	Phrases, verroteries....
v. 23-24	Que vais-je devenir
	Oh! comme elle a maigrie... [sic]
v. 24	Oh! comme elle est amaigrie...
v. 25	Les ifs, par files dans la grisaille
	Les saules par files dans la grisaille
	Les ifs par files dans les grisailles,
v. 26	On [sic] l'air, sous le vent qui les fouaille
	On [sic] l'air, sous l'autan qui les fouaille
	Ont l'air sous l'autan fou qui les fouaille
	Ont l'air sous l'autan qui les fouaille
v. 27	De ces pleureuses de funérailles...
	Des pleureuses de funérailles.....
	De ces pleureuses de funérailles.....
	Sous l'autan qui voudrait que tout s'en aille

Les vers 28-34 ne figurent ni sur le brouillon ni sur le premier des deux autres manuscrits.

| v. 30 | Va, je n'ai plus le cœur à |
| v. 31 | Je sais avec vous autres rien ne dure, |

Page 158.   XLV. NOTRE PETITE COMPAGNE

Deux manuscrits, dont un brouillon, à la Bibliothèque Jacques Doucet. Le brouillon, qui a pour titre *Notre compagne*, s'intitulait d'abord *L'Idole*.

Variantes :

v. 5	Bandeaux plats, frisures lascives
	Bandeaux claustrals, frisures folles,
	En bandeaux plats, en toison folle,
v. 6	Dites quel Front désirez-vous?
	Dites quel Front m'aimerez-vous?
v. 7	Je suis de toutes les écoles

Les vers 9-12 constituent dans le brouillon le quatrième quatrain du poème.

v. 9	Prenez, cueillez no
	Cueillez la fleur de nos visages
	Cueillez la fleur de mon visage
v. 10	Et la
	Cueillez l'extase du moment

Mais ne scrutez pas notre voix
Mais ne sondez pas notre voix
Mais n'allez pas
Cueillez la bouche sans la voix
Et mes baisers
Croyez ma bouche et non ma voix,
v. 11   Mais n'en cherchez pas davantage
Mais ni plus loin ni davantage
v. 12   Nul ne sait rien pas même moi.
Nul n'y voit clair; pas même moi.

Les vers 13-16 constituent le troisième quatrain du brouillon.

v. 13   Nous n'avons pas si
v. 14   Pour que nous [nous] tendions la main
v. 15   Vous êtes d'éphémères mâles
Vous n'êtes que de braves mâles
v. 19   Nul ne m'a soulevé mon voile

Dans les marges du manuscrit recopié de ce poème ont été ajoutées, en oblique, les notes suivantes, se rapportant au *Concile féerique* :

Ces 2 pièces
en une.
    Dialogue

Lui — (La femme mûre ou
    jeune fille)
Elle — (Si mon air vous dit...)

    Le Monsieur
    La Dame

Le Chœur

Touchant accord [*raturé*]

    Lui nerveux
      Qui se penche
Sur sa compagne aux larges
  hanches
Aux longs caressables cheveux

    Touchant accord
      Joli motif
      Décoratif
    En attendant la mort

Oui, l'on a beau baver les plus

et commencer par
    Le Chœur
      le Serpent de
      l'Amour.

Ces notes concernent le projet de composition du *Concile féerique*, où, après corrections et suppression de la division en quatrains, l'auteur a fait entrer le texte de *Notre petite compagne* (vers 117-140 du *Concile féerique*).

XLVI. COMPLAINTE
               DES CRÉPUSCULES CÉLIBATAIRES

Publié d'abord dans la revue bruxelloise *L'Art moderne*.
9 octobre 1887, puis dans *La Revue Indépendante*, avril 1888.
La Bibliothèque Jacques Doucet possède un brouillon de
ce poème dont le premier titre était *Dimanche*. Laforgue
l'intitula ensuite : *Flâneries célibataires*, complainte; puis
Flâneries d'avrils célibataires, complainte.

Variantes :

v.	2	Vers des histoires personnelles!
		C'est leurs histoires personnelles!
		Oh! ces histoires personnelles!
		Marqués
		C'est tant d'histoires personnelles!
v.	3	Oh! comme ils sont intéressants
		Que pauvrement
v.	4	Dans la rue en noire kyrielle...
		Dans les rues en noire kyrielle...
		De déshabiller leur kyrielle...
v.	5	Ils s'en vont suiv
		Ils s'en vont flairés d'obscurs chiens,
		Ils s'en vont bénis, léchés,
v.	14	Oh! que j'ai l'âme perpétuelle!...
		Oh! j'ai-t-il l'âme perpétuelle!...
v.	15	Hélas, dans ces soirs rien de tel
v.	17	Qu'ai-je laissé là-bas, là-bas,
v.	18	Rien, rien, — et c'est là mon reproche...
		Rien, rien, — et c'est mon grand reproche...
		Mais rien! — Et voilà mon reproche...
v.	25	Ah! rien qu'un noble point d'arrêt
v.	27	Un amour pour moi tout exprès
		Un amour pour nous
v.	28	Dans un chez nous en chrysalide!...
v.	29	Un simple cœur, et des regards
		Un simple cœur, oh! ces regards
		Un simple cœur, par des
v.	30	Exempts de l'esprit de conquête,
		Sont purs de l'esprit de conquête,
v.	31	Et suis trop exténué d'art,
v.	32	Bouger me donne mal de tête!...
		La chair me donne mal de tête!...
		Me répéter
v.	33	Va, les gouttières de l'Ennui,
		Et les gouttières de l'Ennui,
		Oh! les gouttières de l'Ennui,

Va, les gouttières de l'Ennui,
v. 34 Qui gouttent, gouttent sur ma nuque.....

Page 162.   XLVII. ÈVE, SANS TRÊVE

Publié pour la première fois, sous le titre *Et la coiffure*,
dans *La Revue Indépendante*, avril 1888. Deux manuscrits,
dont un sans titre, à la Bibliothèque Jacques Doucet.

Dans le premier des deux manuscrits, chaque strophe
ne compte que cinq vers.

Variantes :

v. 1 Et la coiffure, l'art du Front!
v. 2 Cheveux casqués, sombre visière,

Le vers 3 n'existe pas dans le premier manuscrit.

v. 4 Tresses, bandeaux, folles crinières;
v. 5 Madone et caniche! ô mes frères,
v. 6 Décoiffons-les, puis nous verrons.
        Décoiffons-les d'abord, puis nous verrons.
        Décoiffons-les toujours, puis nous verrons.
        Décoiffons-les d'abord, ensuite nous verrons.
        O mes frères, décoiffons-les, puis nous verrons.

Le vers 7 n'existe pas dans le premier manuscrit.

v. 7 Oh! les ensorcelants Protées!
v. 8 Et, suivez-les décoletées [*sic*]
        Et voyez-les décoletées, [*sic*]
v. 9 Des épaules, sous les cristaux
        Leurs épaules
v. 10 Des lustres! leurs yeux les plus faux
v. 11 Se noient d'un tendre air comme il faut
        Se noient soudain l'air comme il faut
v. 12 Grâce à ces harmonies lactées.
        Dans ces
        Et tendre dans ces harmonies lactées.
        Et se noient dans ces harmonies lactées.
        Du voisinage de ces harmonies lactées.
        Au voisinage de ces harmonies lactées.
        Dans ce bouquet de gloire et d'harmonies lactées.
        Dans ce bouquet de chair aux harmonies lactées!....
v. 13 Et cet énorme purgatif,
        Et quel énorme purgatif

Le vers 14 n'existe pas dans le premier manuscrit.

v. 15   Passer de vierge à fécondée!
        Un
        L'œil mâle et fixe, en fécondée!
        Un œil mâle! être fécondée!
v. 16   Oh! nous n'en avons pas idée!
        C'est le sursaut des Galatées!
v. 17   L'âme doit être débordée
        Oh! nous n'avons pas idée.
v. 18   Leur air reste aimable et passif.....
        Leur air reste le même aimable et passif
        Leur air reste le même, avenant et passif
        Leur air reste le même, éternel et désert....
v. 19   Aimable et passif et Joconde!
        Avenant, passif et Joconde!
        Éternel et Promis et Joconde!

Le vers 20 n'existe pas dans le premier manuscrit.

v. 20   Et par les rues, et dans le monde
        Or, par les rues, et dans le monde
v. 21   Et nul ne dirait de leurs yeux
        Et nul ne dirait de ces yeux
        On ne sait devant ces grands yeux
        Qui dirait devant ces grands yeux
        Qui peut dire devant ces yeux
v. 23   Voici les vierges, voici ceux
        Quels sont les vierges, quels sont ceux
v. 24   Où l'ange a
        Où la Foudre a dardé sa sonde
        Où l'ange des
        Où la Foudre équinoxiale a jeté la sonde
        Où la Foudre prolifère a jeté la sonde
        Où la foudre des soirs
        Où la Foudre irrép
        Où la Foudre de la vie a jeté la sonde
        Où la Foudre finale a
        Où la Foudre séminale a
v. 25   Ah! laissez, nous n'y pouvons rien.
        Ah! non, laissez, on n'y peut rien.

Le vers 26 n'existe pas dans le premier manuscrit.

v. 27   Couvrons de baisers leur visage
v. 29   Avec leurs accueillants mirages
        Avec leurs généreux mirages
        Avec leurs bleus ou noirs mirages
        Avec leurs bleus et noirs mirages

Avec leurs bleus ou noirs mirages
v. 30 Et puis chantons merci, c'est bien.
Et puis chantons merci, c'était très-bon, c'est bien.
Aimons-les et puis chantons-leur : merci, c'est bien.
Aimons-les et puis leur chantons : merci, c'est bien.
Cueillons-en et puis chantons-leur : merci, c'est bien.
Cueillons-en, et chantons : merci c'est bien, fort bien....

Page 164.   XLVIII. DIMANCHES

Publié pour la première fois dans *La Revue Indépendante,*
décembre 1888. Un manuscrit à la Bibliothèque Jacques
Doucet.

Variantes :

v. 6 Le long du fleuve Alphée....
v. 8 Vers les remparts du mal
v. 9 Étendard virginal....
v. 22 Ophélie, Ophélie!
v. 23 Glaïeul que l'autan
Glaïeul que l'hiver plie
v. 24 Vers des lacs de folie....
Sur des lacs de folie....
v. 33 Près d'un feu sans grillon....

Page 166.   XLIX. ROUAGES

La table, dressée par Laforgue, des poèmes qu'il comptait
réunir dans *Des Fleurs de bonne volonté,* mentionne ce titre.
Le texte auquel il se rapporte n'a pas été retrouvé.

Page 167.   L. LA MÉLANCOLIE DE PIERROT

Publié pour la première fois dans *La Revue Indépendante,*
décembre 1888. Un manuscrit à la Bibliothèque Jacques
Doucet.

Variantes :

v. 3 Fragiles. Qu'elles daignent
v. 12 De mon cœur, et de sourire dans le vide.....
v. 14 Navré de trahisons!
v. 21 Oh viens! suis pas noceur,

274

v. 22 Aie la douceur des sœurs
v. 24 Sous le soleil ? tiens, là, j'ôte mon armure !....

Une cinquième strophe, de quatre vers seulement, a été biffée :

> C'est fort drôle,
> Mais surseoir
> À mon rôle
> Pour un soir....

Page 169.   LI. CAS RÉDHIBITOIRE
                        (MARIAGE)

Publié pour la première fois, sous le titre *Cas*, dans *La Revue Indépendante*, décembre 1888. Un manuscrit à la Bibliothèque Jacques Doucet.

Variantes :

v. 1 Ah! notre âme a sept facultés!
      Ah! votre âme a sept facultés!
      Ah! mon âme a ses
v. 2 La mienne en a au moins sept mille,
      La mienne autant que de chef-d'œuvres, [*sic*]
      La mienne autant qu'il y a de chef-d'œuvres, [*sic*]
v. 3 Outre les microbes ratés
      Plus mille microbes ratés
      Et plus cent microbes
                        mille
      Pas plus
v. 4 Qui m'ont élu pour domicile.
v. 11 En m'associant en un congrès

En marge du premier quatrain, le manuscrit comporte, à droite, les mots :

> appétit.
> infiniment petits.

Page 170.   LII. ARABESQUES DE MALHEUR

La Bibliothèque Jacques Doucet possède de ce poème un brouillon, sans titre, et un autre manuscrit, intitulé d'abord *Habitudes*.

Le brouillon ne comporte que cinq quatrains, présentés dans un ordre différent de celui que Laforgue leur a donné ensuite : 1er, 4e, 5e, 2e et 3e quatrains de la seconde version. En marge de ces quatrains, l'auteur a mis des numéros tendant à en rectifier l'ordre de la façon suivante : 1-1, 2-2, 3-5, 4-4, 5-3.

Dans le second manuscrit, l'ordre initial était : 1er, 4e, 3e, 2e, 5e et 6e quatrains. Sur ce manuscrit également, Laforgue a indiqué par des numéros inscrits en marge le classement que nous avons suivi.

Variantes :

v.   2   Je l'ai quittée sans le lui dire...
v.   3   L'Ennui m'avait ensorcelé
         Un spleen m'avait ensorcelé
         (Un spleen m'avait ensorcelé
         (Un spleen m'avait juste exilé
v.   4   Et mon ennui venait de tout
         Et cet ennui venait de tout
         Lequel
v.   5   Que fera-t-elle de son âme
v.   6   De sa [?] de sa jeunesse....
         Elle de sa noble jeunesse....
         Elle de sa vierge jeunesse....
v.   8   Et moi je serai un infâme
         Oh! que vais
         Oh! que je vais être un infâme
         Je ne serais jamais
v.   9   Des ans passeront là-dessus
v. 10   On vieillira chacun chez soi
         On durcira chacun chez soi.
v. 11   Et sûrement (oh! je m'y vois!)
         Où sûrement (ah! je m'y vois!)
         Où sûrement (que je m'y vois!)
         Et bien sûr (comme je m'y vois!)
         Et bien souvent, et je m'y vois,
         Et bien des fois
v. 12   On songera : si j'avais su....
         On se dira : « Si j'avais su! »....
v. 13   Oh! comme en cet
         Oh! comme on fait claquer des portes
v. 14   Dans ce merveilleux Grand Hôtel
         Dans cet
         Dans ce Grand Hôtel phalanstère
         Dans ce Grand Hôtel anonyme!
v. 15   Tas
         O tas de modernes appels

	Touristes aux toilettes claires
v. 16	Ma foi dans ma vie est mi-morte...
	Comme ma destinée est morte!...
v. 18	Comment ne me
v. 19	Et nul n'a fait le premier pas...
	Et nul n'osait le premier pas...
	Nul n'a voulu le premier pas...
	Et nul n'a fait le premier pas;
	Et nul n'a su le premier pas;
v. 20	Comme deux fous, comme deux fous!
	Vrai l'on s'aimait comme deux fous
	On s'est quitté comme des fous.
	On s'est quittés comme des fous.
	Oh! tomber ensemble à genoux!
	Pour tomber ensemble à genoux!
v. 21	Ah! si on ne tombe pas ensemble
	Si on ne tombe pas à la même
	Si on ne tombe pas au même
v. 22	À genoux! c'est du faux, du sale!
	Minute à genoux, c'est factice
	Appel à genoux, c'est factice
	Cri à genoux, c'est du factice
v. 23	C'est nul.
	Ensemble! voilà la justice

Les vers de ce poème, sauf ceux du quatrième et du dernier quatrain, ont été repris par Laforgue dans les vers 8-15, 32-35, 42-45 et 47-50 de la pièce des *Derniers vers* intitulée *Solo de lune*.

Page 172.   LIII. LES CHAUVES-SOURIS

Publié pour la première fois dans *La Vogue*, 2 mai 1886. Dans la table qu'il a dressée des poèmes qu'il comptait réunir dans *Des Fleurs de bonne volonté*, Laforgue a écrit : *Les chauve-souris*. Le texte de *La Vogue*, dont il avait corrigé les épreuves, présente la même faute.

Page 174.   LIV. SIGNALEMENT

Publié pour la première fois dans *La Revue Indépendante*, décembre 1888. Deux manuscrits, dont un brouillon sans titre, à la Bibliothèque Jacques Doucet.

Variantes :

v. 1   Chair de créature! Élément non-moi!
v. 2   Chair vive de vingt ans passés loin de ma bouche!
        Chair vive de vingt ans pompés loin de ma bouche!
        Chair vive de vingt ans filtrés loin de ma bouche!
v. 3   L'air de sa chair m'ensorcelle aux abois
        L'air de sa chair me transporte aux abois
        L'air de sa chair me ravit en la foi
v. 4   De la foi
                 Dans la foi
v. 5   Que par elle ou jamais mon cœur doit faire souche!
v. 8   Oh! déjà tant de chemins de Damas
        Et vais comptant mes chemins de Damas
v. 9   Au bout desquels encor les vieilles balançoires
        Au bout desquels pendaient les vieilles balançoires
        Au bout desquels c'étaient encor les balançoires
v. 12   Fou de Vie à nous deux! et fou de célibats....
v. 13   Toujours d'ailleurs le même Air fait exprès,
        Toujours d'ailleurs le même Air en trois traits
v. 14   Qui me transit du coup en ces conciliabules...
        Pour me transir du coup en ces conciliabules...
        Qui me transit du coup en ces conciliabules...
v. 16   Font le guet
                 Là exprès
                 Mis exprès
v. 17   Au-dessus de leur sœur cadette et si crédule
        Pour surveiller leur sœur cadette et si crédule
v. 18   Une bouche qui rit et capitule....
        La bouche qui s'avance et capitule....
        La bouche offerte en fraîche campanule
        Une bouche en déclose campanule
        Une bouche en prenez ma campanule
        Une bouche en baisez ma campanule
        Une bouche déclose en campanule!...
v. 19   Ou bien, aussi, ma foi, justement le contraire,
        Ou bien, ma foi, aussi, justement le contraire,
        O yeux durs, bouche folle, ou bien tout le contraire,
v. 20   C'est-à-dire une bouche aux grands ennuis,
        Oh! je l'aimais, ta bouche aux grands ennuis,
        C'est-à-dire une bouche aux grands ennuis,
        Une bouche qui songe à ses ennuis
        Une bouche toute à ses grands ennuis
v. 21   Qui tend son arc, sachant les yeux, ses petits frères
        Qui tend son arc, sachant tes yeux, ces petits frères
        Mais tend son arc, sachant tes yeux, ces petits frères
        Et l'arc tendu! sachant ses yeux, ces petits frères
v. 24   Pour un rien, un mot
        Pour un rien, pour une larme qu'on leur essuie...
v. 25   Ah! sous ces airs supérieurs

	Ah! sous vos airs supérieurs
	Ah! sous ces airs supérieurs,
v. 27	J'en ai quinze jours d'insomnies,
v. 29	Que je communie.
	Qu'enfin je communie.

Le brouillon comporte un vers de plus, à la fin du poème, avec une variante :

Je ne suis rien, Seigneur.
Je n'y puis rien, Seigneur.

Notons que le vers 26 *(Le cœur me piaffe de génie)* figurait déjà dans une des *Complaintes :* la *Complainte des Débats mélancoliques et littéraires.*

Page 176.   LV. DIMANCHES

Publié pour la première fois dans *La Revue Indépendante,* décembre 1888. Un manuscrit à la Bibliothèque Jacques Doucet.

Entre le quatrain initial et le distique qui lui fait suite, le poème comportait d'abord la strophe suivante, que l'auteur a biffée au crayon :

Oreillers
Des épaules
Diaphanes!
Que j'y veux
Sommeiller,
Dans les saules
Et les lianes
Des cheveux!

Autre variante, au second vers du quatrain final :

Aussi bien que moi;

Les vers 3 et 4 de ce poème se retrouvent, sous une autre forme, dans *Moralités légendaires (Salomé,* III).

Page 178.   LVI. AIR DE BINIOU

Publié pour la première fois dans *La Revue Indépendante,*

avril 1888. Deux manuscrits dont un brouillon, à la Bibliothèque Jacques Doucet.

Variantes :

v. 12   Ces neufs [*sic*] immortelles Glaneuses!
v. 13   Et, pourrions-nous pas, par nos phrases,
        Oh! pourrions-nous pas, par nos phrases,
v. 14   Si bien lui retourner les choses
        Si bien leur
v. 16   N'ait plus sur nos rentes de prise ?....

On trouvera dans notre édition des *Complaintes* (Poésie/ Gallimard, p. 317) un autre poème de Laforgue : *Solutions d'automne*, où des assonances semblables à celles d'*Air de biniou* tiennent lieu de rimes.

DERNIERS VERS

Les poèmes rassemblés sous cette rubrique forment la troisième partie du recueil édité par Édouard Dujardin et Félix Fénéon, *Des Fleurs de bonne volonté* constituant la première partie et *Le Concile féerique* la seconde.

Fénéon en a établi le classement selon la connaissance approfondie qu'il avait de l'œuvre de Laforgue, aucun papier de celui-ci ne donnant d'indications sur ce qu'il comptait faire de ces divers poèmes, dont quelques-uns avaient paru dans des revues.

Nous ne pouvions à notre tour que respecter l'ordre choisi par Fénéon pour ces *Derniers vers*.

Page 181.   I. L'HIVER QUI VIENT

Publié pour la première fois dans *La Vogue*, 16 août 1886. Un manuscrit à la Bibliothèque Jacques Doucet.

Variantes :

v. 2-3   Oh! tombée de la pluie, oh! tombée de la nuit, oh! le
         vent...
v. 5-6   Il bruine...
v. 5   Oh, dans les bruines, toutes mes cheminées d'usines!...

Le vers 10 manque dans la version de *La Vogue*.

v. 10	Tant les cors font ton ton, ton taine!...
v. 14	Dans la forêt mouillée, les toiles d'araignées
	Dans la forêt toute mouillée, les toiles d'araignées
v. 16-17	Soleils plénipotentiaires des travaux des Pactoles des plaines,
v. 17	En blonds
v. 19-23	Ce soir, un soleil fichu gît sur le côteau, dans les genêts,
	Un soleil blanc comme un crachat d'estaminet,
	Sur une litière de genêts, — de genêts d'automne!
v. 22-23	Sur une litière de jaunes genêts d'automne!
v. 27-29	Taïaut! taïaut! et hallali — et font les fous...
v. 35	Et sans rhapsode qui chemine

Le vers 37 manque dans la version de *La Vogue*.

v. 39	Que le vent malmène et mène au bercail,

Le vers 40 *bis*, détaché du précédent et du suivant par un intervalle, a été biffé :

	On ne peut plus s'asseoir, tous les bancs sont mouillés
v. 41	Ah! le vent, cette nuit, il en a fait de belles!
v. 42	O dégâts, ô nids, ô pauvres jardinets,
	O dégâts, ô nids, ô souffreteux jardinets!
v. 45	Les sous-bois ne sont qu'un fumier de feuilles mortes;
v. 46	Feuilles, folioles, que le vent vous emporte,

Le vers 50 manque dans la version de *La Vogue*.

v. 50	De la Fr
	Des soldats de la France.
v. 52	Elle ronge en leurs spleens kilométriques

Entre les vers 53 et 54 ont été rayés les vers suivants :

> O Soleils des soirs tout orangés, aux hallalis,
> Aux ovations des royaux cors de chasse
> Où m'êtes-vous ensevelis?

Une première version des mêmes vers disait :

	O Soleils,
	Des soirs orangés, aux hallalis,
	Aux ovations des royaux cors de chasse
	Que faites-vous ensevelis?
v. 64	Adieu vendanges et adieu paniers...

Le vers 65 manque dans la version de *La Vogue*.

v. 67   C'est la tisane sans foyer,
v. 71   Rideaux écartés du haut des balcons des grèves, dites?

Le vers 72 manque dans la version de *La Vogue*.

v. 74   Vous serez mes seules amours!...
v. 75   (Oh! et puis, est-ce que tu connais
v. 76   La sobre et nette horreur, le vespéral mystère
v. 76 *bis* Hebdomadaire

Le vers 78 manque dans la version de *La Vogue*.

v. 79   Non! c'est la saison et c'est la terre falote,
v. 81   Effiloche les savates du Temps,

Entre les vers 82 et 83 a été supprimé le vers suivant :

      Nul n'en rendra raison.

v. 84   J'essaierai, en chœur, d'en chanter la note.
            J'essaierai en chœur dans

A la fin de ce poème, deux vers ont été rayés :

      Pour mes compatriotes,
      Mais qu'on ne m'en demande pas la raison!...

Page 185. II. LE MYSTÈRE DES TROIS CORS

Publié pour la première fois dans *La Vogue*, 16 août 1886, sous le titre : *La Légende des trois cors*. Un manuscrit à la Bibliothèque Jacques Doucet.

Variantes :

v. 23   — Être aimée est bien doux;
v. 24   Mais, le couchant avant tout!
v. 25   Le soleil dépose sa papale étole

Le texte de *La Vogue* dit : *sa parole étole*. Il y a évidemment là une coquille.

v. 32   Noyant les cavales du beuglant quadrige
v. 34   Dans ces déluges de bengale et d'alcool!...
            Dans ces déluges de bengale et d'alcool! Oh!...

v. 36 Boivent peu à peu tout cet étalage de poisons.
v. 41 Le vent s'élève, il commence à faire froid.

Les vers 49 et 52 à 55 manquent dans la version de *La Vogue.*

III. DIMANCHES

Publié pour la première fois dans *La Vogue*, 30 août 1886. Un manuscrit à la Bibliothèque Jacques Doucet.

Laforgue a incorporé à ce poème des éléments provenant de diverses pièces des *Fleurs de bonne volonté* : V, *Le vrai de la chose* (v. 1-4 et 17-20); XX, *Célibat, célibat, tout n'est que célibat* (v. 1-6); XXIV, *Gare au bord de la mer* (v. 25); XXVIII, *Dimanches* (tout le poème); XXX, *Dimanches* (v. 9-10 et 19-20).

Variantes :

v. 3	Que d'abord, je ne possédais pas bien moi-même
v. 7	Qui ne croit en son Moi qu'à ses moments perdus,
v. 11	Vers le soir, ses quelques roses.
	Vers le soir ses meilleur
	Vers le soir sa meilleure rose
v. 16	Il fallait m'en enivrer avant!
	Il fallait m'en assourdir avant!
v. 20-21	Le grand vent bâillonné, — s'élargit enfin le ciel du matin ;
v. 22	Et alors, eh! allez donc,
	Et alors, eh! allez donc, cloches,
v. 23	Toutes cloches des dimanches!
v. 24	Et puis layettes et colerettes [*sic*], et robes blanches
	Et layettes et colerettes [*sic*] et robes blanches

Le vers 26 manque dans la version de *La Vogue.*

v. 27	Tout pour la famille, quoi! *Væ soli!* oh, c'est certain.
v. 32	À un tout autre que le mien.
v. 35	Me recommence, si natal!...
v. 38-39	Et la pauvre chair s'y pâme... — À moi, Walkyries,
v. 41	Ah! que je te les tordrais avec grand plaisir,

Le vers 45 manque dans la version de *La Vogue.*

v. 46	Si tu voulais m'approfondir un peu!...
v. 48	Adorer de trop souffrants organes,
v. 49	Être deux avant que les tissus se fanent,
v. 52	Et ne serais pas qu'un grand cœur pour elle,
v. 56	Tout ça c'est l'Esprit édénique et fier

v. 57   D'être un peu l'Homme avec la Femme,
v. 57 *bis*   Après tout ?
v. 60   — Allons, être,

Page 191.   IV. DIMANCHES

Publié pour la première fois dans *La Vogue*, 30 août 1886.
Un manuscrit à la Bibliothèque Jacques Doucet.

Ce poème est en partie formé d'éléments provenant de la
pièce XXX *(Dimanches)* des *Fleurs de bonne volonté.* La version
de *La Vogue* présente tant de différences avec le texte du manus-
crit ultérieur que nous la redonnons intégralement ici :

> C'est l'automne, l'automne, l'automne,
> Le grand vent et toute sa séquelle,
> De représailles...
> Rideaux tirés, clôture annuelle,
> Chute des feuilles, des Antigones, des Philomèles,
> Mon fossoyeur les remue à la pelle...
> Vivent l'amour, les feux de paille !

> Les vierges inviolables et frêles
> Descendent vers la petite chapelle,
> Dont les chimériques cloches
> Hygiéniquement et élégamment les appellent ;
> Comme tout se fait propre autour d'elles !
> Comme tout en est dimanche !
> Comme on se fait dur et boudeur à leur approche...

> Ah ! moi je demeure l'ours blanc,
> Je suis venu sur les banquises,
> Moi, je ne vais pas à l'église,
> Moi, je suis le grand chancelier de l'Analyse,
> Bien que d'un cœur encor tremblant,
> Ça se comprend...
> (Pourtant, pourtant, qu'est-ce que c'est que cette anémie ?
> Voyons, confiez vos chagrins à votre vieil ami...)

> Alors je me tourne vers la mer, les éléments,
> Et tout ce qui n'a plus que les noirs grognements.

> Mariage, ô dansante bouée
> Portant pavillon des Armoriques roses,
> Mon âme de Vaisseau-Fantôme
> Va, ne sera jamais renflouée,
> Elle est la chose
> Des sautes de vent, des bandes de pétrels, des nuées...

Hissâo! levez l'ancre!
Hissâo! les Ithaques
Voguent dans les bruines...
Nous reviendrons à Pâques, — Hissâo!
Ou à la Saint'-Catherine
Reprendre nos manteaux.

Variantes intermédiaires entre le texte de *La Vogue* et celui du manuscrit Doucet. (Les références renvoient aux vers de ce dernier texte, pages 191-193).

Le vers 12 a été ajouté après coup.

v. 18   Je suis venu par les banquises...

Le vers 19 a été ajouté après coup.

v. 26   Ah, non! je me tourne vers la mer, les éléments,

Entre les vers 33 et 34, les vers suivants ont été biffés :

Oh, la misérable littérature
Qui nous a raillé
Qui nous a chansonné ces merveilles de la Nature!

Oh, ce n'est pas une aventure,
Ce n'est pas une prouesse
C'est entrevoir le Sacré
De la pauvre, pauvre créature.

Ces quatre derniers vers disaient d'abord :

Oh, ce n'est pas souiller,
Ce n'est pas une aventure,
C'est entrevoir le Sacré
De la pauvre, pauvre créature.

v. 34   Et sachez comme on tremble,
v. 43   Reste cachée, idéale et idéale violette,
v. 53   Tout, tout en elle!...
v. 56   Si ces prunelles clignent un peu
v. 57   Parfois pour vous demander un peu
v. 66   Ensemble après cette grand'Messe,

Page 194.   V. PÉTITION

Publié pour la première fois dans *La Vogue*, 11 octobre 1886. Un manuscrit à la Bibliothèque Jacques Doucet.

Ce poème met en œuvre des éléments empruntés à la pièce
XXXVII des *Fleurs de bonne volonté (La vie qu'elles me font
mener)*.

Voici le texte de *La Vogue*, fort différent du texte définitif :

Angoisse des carrefours sans fontaines,
Mais avec à tous les bouts des fêtes foraines.

Jamais franches, ou le poing sur la hanche,
Par le temps qui court,
Avec toutes l'amour s'échange,
Simple et sans foi comme un bonjour.
O fleurs d'oranger cuirassées de froid satin,
Elle s'éteint,
La mystique Rosace,
À voir vos noces
De sexes livrés à la grosse
Courir en valsant vers la fosse
Commune...

Pas d'absolu,
Des compromis,
Tout est pas plus,
Tout est permis.

Et cependant, ô du Mal, laissez-moi Circés
Sombrement coiffées à la Titus
Avec des yeux en grand deuil comme des pensées;
Et passez,
Béatifiques Vénus
Étalées découvrant leurs gencives
Tous vives,
Et leurs aisselles au soleil
Comme on bâille après le sommeil,
Tenant sur fond d'or le lotus
Des sacrilèges domestiques,
Et faisant de l'index : *motus*.

Passez, passez, encor que les yeux vierges
Ne soient que cadrans d'émail bleu
Marquant telle heure que l'on veut
Sauf à cacher leur heure immortelle
Et tout ce qui est bien elle,
O nuptiales, animales,

O blanchissages, oh! leur chambre...
Oh! à tout âge
On peut les en faire descendre.

Et les petits soins secrets,
Et leur triste voix sans timbre,
Et leur salive de gingembre.
Et leur suicide à froid ·
Et puis l'air de dire : « De quoi ?... »

Sans doute au premier mot
On va choir en syncope,
(On est si vierge à fleur de peau)
Mais leur destinée est bien interlope.

Oh! qu'elle laissât là ce rôle d'ange,
Et adoptât l'homme comme égal,
Et que ses yeux ne parlent plus d'Idéal,
Mais simplement d'humains échanges,
À la fin des journées,
Quand les tambours, quand les trompettes
Ils s'en vont sonnant la retraite
Et qu'on prend le frais sur le pas des portes,
En vidant les pots de grès
À la santé des années mortes
Qui n'ont pas laissé de regrets,
Ton ton tontaine tonton...

Variantes intermédiaires entre le texte de *La Vogue* et le texte définitif. (Les références renvoient à celui-ci :)

v. 20   Étalées et découvrant leurs gencives comme un régal,
v. 21   Et livrant
v. 35   Et peut-être à fleur de peau,
v. 54   Frère et sœur par le cœur,
v. 55   Et fiancés par leur passé,
v. 56   Et unis par l'Infini !
v. 59   À quatre m
v. 66   Pas de regrets au su de tout le canton

Page 197.   VI. SIMPLE AGONIE

Publié pour la première fois dans *La Vogue*, 11 octobre 1886, d'après un manuscrit qui présentait quelques variantes et dans lequel les vers 3 et 10 avaient été ajoutés après coup.

Variantes :

v. 25   Tous les instincts puérilement charnels,
v. 33   Dessins de modes, photographies,
v. 51   Du soir à

v. 62   À la fin d'un beau jour.
v. 63   Oh! ce fut pour les cors, et ce fut pour l'automne,

Le vers 59 se retrouve dans un article de Laforgue, *À propos de Hamlet*, paru dans *Le Symboliste*, 22 octobre 1886 :

Hamlet se dressa :
— Des gammes, des gammes avant la vieillesse....
Il se tordit les bras, ricana fixement et se mit à brailler :
— Aux armes, citoyens! Il n'y a plus de raison!
Et le voilà, poussant des « Oh! Oh! » désespérés et irréconciliables.

Page 200.   VII. SOLO DE LUNE

Publié pour la première fois dans *La Vogue*, 25 octobre 1886. Laforgue a utilisé dans ce poème des éléments appartenant à la pièce LII des *Fleurs de bonne volonté (Arabesques de malheur)*. Des rapprochements peuvent également être faits avec un poème des *Derniers vers : Sur une défunte* (v. 6-7 et 56-57).

Le manuscrit qui a servi à la composition du texte de *La Vogue* présentait les variantes suivantes :

v. 56   Cependant qu'un fin trois-qu
v. 57   O route de rêve, oh! pas de musique!...
v. 67   Je me recouche face au ciel,

Page 204.   VIII. LÉGENDE

Publié pour la première fois dans *La Vogue*, 25 octobre 1886, sans les vers 24 et 25, quoique ces vers figurent sur le manuscrit qui servit à l'impression de la revue et qui fait aujourd'hui partie de la collection de M. Clayeux. Ce manuscrit est sans ratures. Au vers 48, Laforgue a écrit fautivement : *C'est toi qui a commencé !*

Page 207.   IX

Dans *La Vogue*, où il fut publié pour la première fois le 6 décembre 1886, ce poème et le suivant, numéroté X, n'en formaient qu'un seul intitulé *Les Amours* et portant en épigraphe :

Arrêtons-nous, amour, contemplons notre gloire!
Pétrarque.

La Bibliothèque Jacques Doucet en possède un manuscrit.

Variantes :

Le vers 3 a été ajouté après coup.

v.	4	O, baptême de ma raison d'être!
v.	6-6 *bis*	Et qu'il vienne
		À travers les litières des hommes et des dieux,
v.	6	Et qu'il vienne à travers les litières des hommes et
		des dieux,
v.	10	Et dans un ciel d'orage qui craque et qui s'ouvre :
		Et dans un ciel d'orage qui craque et s'ouvre,
v.	12	Le grand clapissement des averses toute la nuit!...
v.	14	Et s'essuyant les pieds
		Et s'essuyant les yeux
v.	15	Au seuil de l'église de mes aïeux
v.	16	Les génies de la Pitié, dise :
		Les grands génies de la Pitié, dise :

Le vers 17 a été ajouté après coup.

v.	20	« Ta bouche souveraine me fait baisser les yeux
v.	21-22	« Et ton port me transporte et je m'en découvre des
		trésors!
v.	26	« Et alors, te révéler comment tu es!
v.	34	« Ah, laisse, c'est bien toi et point un autre!
v.	41	[*Biffé ensuite*] Oh, alités du coup!

Au 12e vers, Laforgue a bien écrit : *clapissement*. Néologisme peu justifiable, car il ne peut dériver que du verbe *clapir*, qui concerne le cri du lapin, lequel ressemble peu au bruit d'une averse, si violente soit-elle. Dans un autre de ses derniers poèmes, — celui qui porte le numéro XII, — Laforgue parle d'*averse glapissante*, expression également surprenante, car l'averse ne glapit pas plus qu'elle ne clapit.

Page 209.   x

Publié pour la première fois dans *La Vogue*, 6 décembre 1886, où il faisait corps avec le poème précédent, sous le titre *Les Amours*. Le manuscrit conservé à la Bibliothèque Jacques

Doucet montre d'ailleurs que Laforgue avait d'abord conçu ces deux poèmes comme une pièce unique. Il les a séparés après avoir rayé le vers 41 cité plus haut, et en indiquant, au début du second poème : *Autre pièce.*

Variantes :

v. 13-16 O ma petite mienne,
    O ma quotidienne,
    Dans mon petit intérieur,
    Et plus jamais ailleurs !
v. 17   Et quoi encore ? Oh ! du génie,
    Et quoi encore ? O mon génie,

Entre les vers 31 et 32 figuraient d'abord quatre vers constituant une strophe :

    Enfant ! Et l'amitié !
    Et la fidélité !
    Et tout le dévouement
    Plein de détails charmants !
v. 33   Mais sans en venir à bout.
v. 34   Hélas, hélas ! Et plus le droit d'errer,
v. 35   Hypocondries et pluies
v. 37   De faire le fou,
v. 46   J'aurai passé ma vie le long des quais
    J'aurai passé ma vie à faillir m'embarquer
v. 49-50 Et tout cela pour l'amour de mon cœur fou de gloire.
    Tout cela pour l'amour de mon cœur fou de gloire.

Page 212.   XI. SUR UNE DÉFUNTE

Publié pour la première fois dans *La Revue Indépendante*, novembre 1886. Un manuscrit à la Bibliothèque Jacques Doucet.

Variantes :

v. 1-4 Elle ne m'aimerait pas plus,
    Pas plus qu'une Occasion,
    Tout est occasion, nuls élus, nul absolu...
v. 13   Avec A, B, C ou D.
v. 19   Cette destinée.
v. 34-37 Pendant que je suis dans la rue
    Où elle a tant passé sans me voir.
v. 36   À m'étonner de l'obscurité de sa fenêtre,

v. 37	Peut-être.
v. 43-48	Elle avait l'air trop trop heureuse,
	Avec ses yeux mouillés d'extase
	Et je ne serais qu'un pis-aller,
	Comme l'est mon jour dans le Temps,
v. 52	Non, non! Vers Elle, tout ou rien!
v. 53	Je m'en irai donc comme un fou
v. 60	Avec mon petit cœur tout transi,

Les vers 6 et 7 de ce poème rappellent les deux dernières strophes de la pièce LII des *Fleurs de bonne volonté (Arabesques de malheur)* et les vers 14-16 et 49-50 de la pièce VII des *Derniers vers (Solo de lune)*.

Page 215.   XII

Manuscrit à la Bibliothèque Jacques Doucet.

Variantes :

v. 16	Pense-t-elle au prix de Moi ?
v. 17	Oh, ne pense qu'à toi! Soigne-toi, soigne-toi!
	Soigne-toi, soigne-toi! pauvre chair aux abois
v. 17 *bis*	Et que tes pauvres rêves aient le grand air du bois
v. 20	O patrie, ô famille!
v. 21	Et l'âme tournée
v. 24	Et des
v. 31	Et jeunes anges en robes grises,
v. 34	Et qu'elle méprise sans envie
v. 42	Et peut-être ton incapacité de sanglots!
v. 53	Qu'il faut être deux au coin du feu un peu,
v. 54	Tout fait un hymne fataliste,
v. 60	Les
v. 62	Que la vie est une irrésistible
v. 65	Pour aimer ce qu'il y a d'histoires

Bibliographie

OUVRAGES DE JULES LAFORGUE

Une nomenclature complète et détaillée des différentes éditions d'ouvrages de Laforgue emplirait de nombreuses pages. Aussi n'avons-nous fait figurer dans la liste ci-dessous que les éditions originales de ces ouvrages et les éditions ultérieures auxquelles ont été incorporés des textes inédits auparavant.

Les Complaintes. Léon Vanier, 1885.

L'Imitation de Notre-Dame la Lune. Léon Vanier, 1886. (Édition postdatée : cette plaquette était imprimée et mise en vente dès novembre 1885.)

Le Concile féerique. Publications de la Vogue, 1886.

Paul Bourget. Les Hommes d'aujourd'hui, nº 286. Léon Vanier, s.d. [1886], fascicule de quatre pages.

Moralités légendaires, avec un portrait de l'auteur gravé à l'eau-forte par Émile Laforgue. Librairie de la Revue Indépendante, 1887.

Les Derniers Vers de Jules Laforgue. Des Fleurs de bonne volonté, Le Concile féerique, Derniers vers, édités avec toutes les variantes par MM. Édouard Dujardin et Félix Fénéon. Paris, 1890. (Édition réservée aux souscripteurs et tirée à 58 exemplaires.)

Œuvres complètes. Mercure de France, 1902-1903, 3 vol. (Tome I : *Moralités légendaires.* Tome II : *Poésies.* Tome III : *Mélanges posthumes.* Édition établie par Camille Mauclair. Contrairement à ce qu'annonce son titre, elle n'a pas recueilli tous les textes de Laforgue déjà parus dans des revues et n'a retenu qu'une faible partie des inédits mis à la disposition de l'éditeur par les héritiers et les amis de Laforgue.)

Chroniques parisiennes. Ennuis non rimés. Textes inédits, I, avec un frontispice de l'auteur. La Connaissance, 1920. (Contient des textes publiés dans diverses revues et rassemblés par André Malraux.)

Dragées. Charles Baudelaire. Tristan Corbière. Textes inédits, II, avec des dessins de l'auteur. La Connaissance, 1920. (Édition également due aux recherches d'André Malraux.)

Exil, Poésie, Spleen, avec un portrait par Skarbina. La Connaissance, 1921. (Édition de lettres de Laforgue, suivies d'un article sur l'Allemagne paru dans une revue en 1888. Cette édition a été établie par René-Louis Doyon.)

Berlin. La Cour et la Ville, introduction de G. Jean-Aubry. Éditions de la Sirène, 1922.

Œuvres complètes. Mercure de France, 1922-1930, 6 vol. (Édition inachevée. Tomes I et II : *Poésies*, 1922; tome III : *Moralités légendaires*, 1924; tomes IV et V : *Lettres*, introduction et notes de G. Jean-Aubry, 1925; tome VI : *En Allemagne*, 1930. Cette édition devait comprendre huit volumes. G. Jean-Aubry fut chargé d'en établir le texte à partir du tome III, dont il rédigea les notes. Le tome VII, qui groupait les écrits de Laforgue sur l'art, fut composé, — nous en avons vu autrefois les épreuves, — mais, pour des raisons qui nous échappent, ne fut jamais imprimé. Le tome VIII, qui devait s'intituler *Mélanges et fragments*, n'a pas été mis au point.)

Lettres à un ami, 1880-1886, avec le fac-similé d'une lettre inédite à Mallarmé, introduction et notes de G. Jean-Aubry. Mercure de France, 1941. (Contient les lettres de Laforgue à Gustave Kahn. Les éditeurs s'abstinrent de mentionner le nom de Kahn dans le titre du volume, de peur que les autorités allemandes n'ordonnassent la saisie de l'édition.)

Feuilles... Pour « Nous quatre », 1941. (Plaquette de 8 feuillets non chiffrés, imprimée à Montmartre par J.-G. Daragnès et tirée seulement à 20 exemplaires. Elle contient des notes inédites de Laforgue datant des années qu'il passa en Allemagne.)

Stéphane Vassiliew, nouvelle, frontispice de Georges de Traz.

Genève, Club des Bibliophiles, 1943. (Édition tirée à 171 exemplaires d'une nouvelle inédite, datée par Laforgue du mois d'avril 1881 et dont le manuscrit avait été retrouvé dans les papiers de feu Paul Bourget. Le frontispice est une gravure à l'eau-forte d'un artiste suisse, Georges de Traz, qui s'est fait connaître surtout comme critique d'art sous le pseudonyme de François Fosca.)

Stéphane Vassiliew, avec une introduction de François Ruchon et l'iconographie complète de Jules Laforgue. Vésenaz près Genève, Pierre Cailler, 1946. (Dans cette édition, *Stéphane Vassiliew* est suivi de la notice de Laforgue sur Paul Bourget.)

Poesie complete, a cura di Sergio Cigada e con una introduzione di Sergio Solmi. Roma, Edizioni dell'Ateneo, 1966, 2 vol. (Édition des poésies de Laforgue dans leur texte original; seule la partie critique, — introduction et notes, — est en italien. Dans le tome II sont recueillis pour la première fois trois des poèmes de jeunesse de Laforgue, dont l'existence avait été signalée par un article de Pierre Capretz paru dans la *Revue des Sciences humaines*, octobre-novembre 1953.)

Les Pages de la Guêpe, textes publiés et annotés par Jean-Louis Debauve et précédés d'une étude sur les premières années de l'écrivain. A. G. Nizet, 1969 [1970].

Poésies complètes, édition augmentée de soixante-six poèmes inédits, présentation et notes de Pascal Pia. Le Livre de Poche, 1970.

Laforgue avait traduit quelques poèmes de Walt Whitman. Ces traductions, jointes à d'autres, dues à Louis Fabulet, André Gide, Valery Larbaud, Jean Schlumberger et Francis Vielé-Griffin, se retrouvent dans le recueil intitulé *Œuvres choisies* de Walt Whitman, publié en 1918 aux Éditions de la Nouvelle Revue Française, avec une introduction de Valery Larbaud.

OUVRAGES
ENTIÈREMENT CONSACRÉS À LAFORGUE

GUSTAVE KAHN : *Jules Laforgue*, dessin d'Émile Laforgue. Les Hommes d'aujourd'hui, n° 298. Léon Vanier, s.d.

CAMILLE MAUCLAIR : *Jules Laforgue*, essai, préface de Maurice Maeterlinck. Mercure de France, 1896.

MÉDÉRIC DUFOUR : *Une philosophie de l'Impressionnisme. Étude sur l'Esthétique de Jules Laforgue.* A. Messein, 1904.

HENRI GUILBEAUX : *Jules Laforgue.* Portraits d'hier, Henri Fabre, 1911.

FRANÇOIS RUCHON : *Jules Laforgue, sa vie, son œuvre.* Genève, Éditions Albert Ciana, 1924.

JEANNE CUISINIER : *Jules Laforgue.* A. Messein, 1925.

LÉON GUICHARD : *Jules Laforgue et ses poésies.* Presses Universitaires de France, 1950.

MARIE-JEANNE DURRY : *Jules Laforgue.* Éditions Pierre Seghers, 1952. (Essai suivi de morceaux choisis et de lettres.)

PIERRE REBOUL : *Laforgue.* Hatier, 1960.

Jules Laforgue, essays on a poets's life and work, edited by Warren Ramsey, with a preface by Harry T. Moore. Carbondale and Edwardsville, Southern Illinois University Press; London and Amsterdam, Feffer and Simons, Inc., 1969. (Contient les essais suivants : *Laforgue in America, A Testimony*, par Malcolm Cowley; *Leah Laforgue, her parents and family*, par Clive W. Lee; *Laforgue and Baudelaire*, par Raymond Poggenburg; *Laforgue among the Symbolists*, par Henry Peyre; *Laforgue and his time*, par Leo Weinstein; *The moral of* Moralités, par William Jay Smith; *Laforgue and Mallarmé*, par Robert Greer Cohn; *Laforgue and the theatre*, par Haskell M. Block; *The rest is silence : Hamlet as decadent*, par Peter Brooks; *The place of Laforgue in Ezra Pound's literary criticism*, par N. Christoph de Nagy; *Jules Laforgue and Samuel Beckett : A rapprochement*, par Erika Ostrovsky; *Phryne, or More than one right word*, par Warren Ramsey.)

JEAN-LOUIS DEBAUVE : *Laforgue en son temps.* Correspondance de Jules Laforgue avec son éditeur et dossier critique publiés avec une introduction et des notes. Neuchâtel, Éditions de la Baconnière, 1972.

Docteur ROBERT CHAUVELOT : *Jules Laforgue inconnu* (avec poèmes inédits). Nouvelles Éditions Debresse, 1973. (Le même auteur avait publié sous le titre *Divers*, Nouvelles Éditions Debresse, 1971, un volume signé de son nom et

réunissant 79 sonnets de sa composition, précédés de dix-
sept poèmes de Laforgue.)

OUVRAGES CONCERNANT PARTIELLEMENT
LAFORGUE ET SON ŒUVRE

CHARLES MORICE : *La Littérature de tout à l'heure*. Perrin, 1889.

GEORGES VANOR : *L'Art symboliste*. Léon Vanier, 1889.

JULES HURET : *Enquête sur l'évolution littéraire*. Charpentier,
1891.

GEORGE MOORE : *Impressions and opinions. Two unknown poets :
Rimbaud and Laforgue*. London, 1891.

Portraits du prochain siècle, tome premier [seul paru]. Edmond
Girard, 1894. (Ouvrage collectif contenant une notice de
Félix Fénéon sur Jules Laforgue.)

TEODOR DE WYZEWA : *Nos maîtres*. Perrin, 1895.

REMY DE GOURMONT : *Le Livre des masques*. Mercure de France,
1896.

ARTHUR SYMONS : *The Symbolist Movement in literature*. Lon-
don, W. Heinemann, 1899.

AD. VAN BEVER et PAUL LÉAUTAUD : *Poètes d'aujourd'hui*. Mer-
cure de France, 1900. (Dans la première édition de ce recueil
de morceaux choisis, la notice relative à Laforgue est signée
des initiales de Paul Léautaud.)

GUSTAVE KAHN : *Symbolistes et Décadents*. Léon Vanier, 1902.

ANDRÉ BEAUNIER : *La Poésie nouvelle*. Mercure de France, 1902.

A. VAN HAMEL : *Franske Symbolisten*. Amsterdam, Gids, 1902.

ADOLPHE RETTÉ : *Le Symbolisme*. Léon Vanier, 1903.

REMY DE GOURMONT : *Promenades littéraires*, I. Mercure de
France, 1904.

FRANCIS DE MIOMANDRE : *Visages*. Bruges, Arthur Herbert,
1907.

ANDRÉ BARRE : *Le Symbolisme*. Jouve, 1912.

REMY DE GOURMONT : *Promenades littéraires*, quatrième série.
Mercure de France, 1912.

PAUL ESCOUBE : *Préférences*. Mercure de France, 1913.

ANNE OSMONT : *Le Mouvement symboliste*. Maison du Livre,
1917.

Ernest Raynaud : *La Mêlée symboliste (1870-1890)*, portraits et souvenirs. La Renaissance du Livre, 1918.

Édouard Dujardin : *Les Premiers Poètes du vers libre*. Mercure de France, 1922.

René Ghil : *Les Dates et les œuvres*. Éditions G. Crès et Cie, 1923.

Henri Clouard : *La Poésie française moderne*. Gauthier-Villars, 1924.

Gervasio et Alvaro Guillot Munoz : *Lautréamont et Laforgue*. Montevideo, 1925.

Gustave Kahn : *Silhouettes littéraires*. Éditions Montaigne, 1925.

Henri de Régnier : *Nos rencontres*. Mercure de France, 1931.

Guy Michaud : *Message poétique du Symbolisme*. Librairie Nizet, 1947, 3 vol.

David Lehman : *The Esthetic of the Symbolism*. Oxford University Press, 1950.

Kenneth Cornell : *The Symbolist Movement*. Yale University Press, 1951.

Marie Brunfaut : *Jules Laforgue, les Ysaye et leur temps*. Bruxelles, Brepols, 1961.

Pauline Newman-Gordon : *Corbière, Laforgue, Apollinaire ou le rire en pleurs*. Nouvelles Éditions Debresse, 1964.

Les épigraphes en anglais
de l'édition posthume de Laforgue

Les poèmes recueillis en 1890 par Édouard Dujardin et Félix Fénéon en un volume intitulé *Les Derniers Vers de Jules Laforgue* s'accompagnent souvent d'épigraphes en anglais, empruntées à Shakespeare. Il est probable que si Laforgue avait pu établir lui-même l'édition de ces poèmes, il eût modifié, voire supprimé, certaines de ces citations, car il en est qui se répètent sans réelle nécessité. Seule, l'origine de la seconde des épigraphes placées en tête des *Fleurs de bonne volonté* a échappé à nos recherches. On trouvera ci-dessous l'indication de provenance et la traduction de toutes les autres.

Page 81.   DES FLEURS DE BONNE VOLONTÉ

HAMLET *sort.*
OPHÉLIE : Ô quelle âme noble voici détruite!

(*Hamlet*, III, sc. 1.)

Page 87.   MANIAQUE

POLONIUS *(à part) :* Quoique ce soit de la folie, il y a de la méthode là-dedans.

(*Hamlet*, III, sc. 2.)

299

OPHÉLIE : C'est bref, monseigneur.
HAMLET : Comme l'amour de la femme.

(*Hamlet*, II, sc. 2.)

HAMLET : Au couvent, va.

(*Hamlet*, III, sc. 1.)

HAMLET : Avez-vous une fille ?
POLONIUS : Oui, monseigneur.
HAMLET : Ne la laissez pas se promener au soleil; concevoir **est** une bénédiction, mais non comme pourrait concevoir votre **fille**.

(*Hamlet*, II, sc. 2.)

OPHÉLIE : Vous êtes gai, monseigneur.
HAMLET : Qui, moi ?
OPHÉLIE : Oui, monseigneur.
HAMLET : Ô Dieu, votre bouffon seulement. Que peut faire **un** homme, à moins d'être gai ?

(*Hamlet*, III, sc. 2.)

HAMLET : Madame, puis-je me coucher sur vos genoux ?
OPHÉLIE : Non, monseigneur.
HAMLET : Je veux dire : ma tête sur vos genoux ?
OPHÉLIE : Oui, monseigneur.
HAMLET : Pensiez-vous que j'avais des idées de rustre ?
OPHÉLIE : Je ne pensais rien, monseigneur.

HAMLET : La jolie idée que de se mettre entre les jambes des filles !

OPHÉLIE : Qu'est-ce, monseigneur ?

HAMLET : Rien.

(*Hamlet*, III, sc. 2.)

Page *134.*   FIFRE

OPHÉLIE : Vous êtes blessant, monseigneur, vous êtes blessant.

HAMLET : Il vous en coûterait un gémissement pour me faire perdre mon tranchant.

OPHÉLIE : De mieux en pis.

HAMLET : C'est ainsi que vous prenez vos maris. [*Sous-entendu :* pour le meilleur et pour le pire.]

(*Hamlet*, III, sc. 2.)

Page *136.*   DIMANCHES

HAMLET : J'ai entendu parler aussi, et bien trop, de vos fards. Dieu vous a donné un visage et vous vous en faites un autre; vous dansez, vous vous dandinez, vous zozotez, donnez des sobriquets aux créatures de Dieu et appelez votre légèreté votre ignorance. Allez; je n'en veux plus; c'est cela qui m'a rendu fou. Au couvent, allez.

(*Hamlet*, III, sc. 1.)

Page *149.*   PETITES MISÈRES D'AUTOMNE

HAMLET : Va-t'en au couvent; pourquoi voudrais-tu enfanter des pécheurs ? Je suis moi-même passablement vertueux, mais je pourrais cependant m'accuser de choses telles qu'il vaudrait mieux que ma mère ne m'eût pas mis au monde : je suis très orgueilleux, vindicatif, ambitieux, et puis d'un signe appeler à moi plus de méfaits que je ne suis capable d'en méditer, etc. Au couvent, [va].

(*Hamlet*, III, sc. 1.)

LAËRTE, *à Ophélie :*
La fille la plus chaste est encore assez prodigue
De sa beauté pour la dévoiler à la lune.

(Hamlet, I, sc. 3.)

Je n'ai pas l'art de compter mes gémissements...
À toi à jamais, ma bien chère dame, à toi tant que cette machine est à lui.

[Quoique dans le manuscrit original des *Derniers vers*, ces deux phrases soient suivies des initiales J.L., qui semblent les attribuer à Laforgue lui-même, il s'agit de phrases figurant dans la lettre de Hamlet à Ophélie, lue par Polonius, *Hamlet*, II, sc. 2.]

OPHÉLIE : Il me prit le poignet et le serra fort,
Puis s'éloigna de toute la longueur de son bras
Et, mettant l'autre main au-dessus de ses sourcils,
Il examina mon visage comme
S'il eût voulu le peindre. Cela dura longtemps.
Enfin, me secouant un peu le bras
Et par trois fois hochant la tête de haut en bas,
Il poussa un soupir si pitoyable et profond
Qu'il semblait ébranler tout son être
Et entraîner sa fin. Après quoi, il me lâcha
Et, la tête tournée vers moi, par-dessus l'épaule,
Il retrouva son chemin sans ses yeux,
Car il atteignit la porte sans leur secours
Et jusqu'au bout ses regards restèrent fixés sur moi.
POLONIUS : C'est le délire même de l'amour.

(Hamlet, II, sc. 1.)

L'épigraphe de ce poème est en partie la même que celle qui figure, p. 149, en tête de *Petites misères d'automne.* Laforgue en a supprimé la phrase qui commence par : « Je suis très orgueilleux », mais y a ajouté en revanche quelques mots de Hamlet que ne contenait pas la citation précédente :

Nous sommes tous de fieffés coquins; ne te fie à aucun de nous. Va-t'en au couvent.

Préface de Pascal Pia   7

L'IMITATION DE NOTRE-DAME LA LUNE

Un mot au Soleil pour commencer 17
Litanies des premiers quartiers de la lune 19
Au large 21
Clair de lune 22
Climat, faune et flore de la lune 24
Guitare 27
Pierrots 28
Pierrots (On a des principes) 33
Pierrots (Scène courte mais typique) 34
Locutions des Pierrots 36
Dialogue avant le lever de la lune 45
Lunes en détresse 47
Petits mystères 49
Nuitamment 51
États 52
La lune est stérile 54
Stérilités 57
Les linges, le cygne 58
Nobles et touchantes divagations sous la lune 60
Jeux 63
Litanies des derniers quartiers de la lune 65
Avis, je vous prie 67

DES FLEURS DE BONNE VOLONTÉ

I.	Avertissement	83
II.	Figurez-vous un peu	84
III.	Mettons le doigt sur la plaie	86
IV.	Maniaque	87
V.	Le vrai de la chose	88
VI.	Rigueurs à nulle autre pareilles	89
VII.	Aquarelle en cinq minutes	90
VIII.	Romance	91
IX.	Petites misères de juillet	92
X.	Esthétique	95
XI.	Dimanches	97
XII.	Dimanches	98
XIII.	Avant-dernier mot	100
XIV.	L'éternel quiproquo	102
XV.	Petite prière sans prétentions	104
XVI.	Dimanches	105
XVII.	Cythère	107
XVIII.	Dimanches	109
XIX.	Albums	110
XX.	Célibat, célibat, tout n'est que célibat	112
XXI.	Dimanches	114
XXII.	Le bon apôtre	115
XXIII.	Petites misères d'octobre	117
XXIV.	Gare au bord de la mer	119
XXV.	Impossibilité de l'infini en hosties	121
XXVI.	Ballade	122
XXVII.	Petites misères d'hiver	124
XXVIII.	Dimanches	126
XXIX.	Le brave, brave automne!	128
XXX.	Dimanches	130
XXXI.	Petites misères d'août	131
XXXII.	Soirs de fête	133
XXXIII.	Fifre	134
XXXIV.	Dimanches	136

XXXV.	L'aurore-promise	138
XXXVI.	Dimanches	141
XXXVII.	La vie qu'elles me font mener	143
XXXVIII.	Dimanches	145
XXXIX.	Petites misères de mai	147
XL.	Petites misères d'automne	149
XLI.	Sancta simplicitas	151
XLII.	Esthétique	152
XLIII.	L'Île	153
XLIV.	Dimanches	156
XLV.	Notre petite compagne	158
XLVI.	Complainte des crépuscules célibataires	160
XLVII.	Ève, sans trêve	162
XLVIII.	Dimanches	164
XLIX.	Rouages	166
L.	La mélancolie de Pierrot	167
LI.	Cas rédhibitoire (Mariage)	169
LII.	Arabesques de malheur	170
LIII.	Les chauves-souris	172
LIV.	Signalement	174
LV.	Dimanches	176
LVI.	Air de biniou	178

DERNIERS VERS

I.	L'Hiver qui vient	181
II.	Le mystère des trois cors	185
III.	Dimanches	188
IV.	Dimanches	191
V.	Pétition	194
VI.	Simple agonie	197
VII.	Solo de lune	200
VIII.	Légende	204
IX.	Oh ! qu'une, d'Elle-même...	207
X.	Ô géraniums diaphanes...	209
XI.	Sur une défunte	212
XII.	Noire bise, averse glapissante...	215

Dossier

Notes et variantes   221
Bibliographie   293
Les épigraphes en anglais de l'édition posthume de Laforgue   299

DU MÊME AUTEUR

Collection « Poésie/Gallimard »

LES COMPLAINTES suivies des premiers poèmes (Poésies complètes I). Édition présentée et établie par Pascal Pia.

Collection « Folio »

MORALITÉS LÉGENDAIRES. Édition présentée et établie par Pascal Pia.

Ce volume,
le cent trentième de la collection Poésie,
a été achevé d'imprimer sur les presses
de l'imprimerie Bussière à Saint-Amand (Cher),
le 3 octobre 1994.
Dépôt légal : octobre 1994.
1er dépôt légal dans la collection : mai 1979.
Numéro d'imprimeur : 2626.
ISBN 2-07-032182-7./Imprimé en France.